障害者雇用で幸せになる方法

もにす認定5社の企業戦略

砂長 美ん 監修

ラグーナ出版

■本書出版のためのクラウドファンディングにご支援いただいた方々

（掲載順は五十音順）

安達賢
梶野雅章
川田俊介
岸田あすか
共生共創ＮＰＯ法人でぃぐらぶ
The Links 株式会社
税田倫子
坂本征之
島治伸
鈴木美佐子
ぜんち共済
高橋京恵
高橋秀行
野中翔太
平岡大作
細井ちよこ
株式会社 LiNE PARK
他五十六名の皆様

はじめに

本書を編集しながら改めて実感したことは、〝私は心から、障害者雇用や、障害者の仕事づくりに関わることが大好き〟ということ。

そう、大好きなのです。だからこそこの業界を盛り上げたい、一人でも幸せな仕事に就いて、よりよい人生を歩んでほしい、そして、社会全体がよりよくなってほしい。

私は、約十年前、東京で障害者施設の商品開発事業を生業とした「ありがとうショップ」を立ち上げ、たくさんの仕事をつくってきました。現在、国会議員会館で障害者施設商品の総卸、販売を行い、コロナ禍には、困っている障害者施設の状況を見て、ネットに「ユイマル」というサイトを立ち上げました。働きたい障害者と、仕事を依頼したい企業、個人のマッチングサイトで、沖縄の方言、ゆいまーる（助け合い）から名づけました。たとえば、障害者施設で作った野菜やパンを売る、手話をオンラインで教えるなど、多種多様の商品、仕事を登録、購入することができます。ぜひ検索してください。

私自身も、読み書き困難な発達障害、ディスレクシアを抱えています。ロンドン芸術大学在学中に教授からその指摘を受けました。帰国後も試験の困難や、就職でも転職を十二回以上繰り返しましたが、継続できませんでした。ですから、今の仕事が人生でいちばん長く続いている大好きな仕事で、そんな楽しいことを仕事に、趣味にしていることが幸せです。

そんななか、厚生労働省が障害者雇用優良中小企業を認定する、もにす認定について知りました。認定を受けて良かったこと、変わったことを聞きたくて本書を企画し、ワクワクしながら認定企業五社のインタビューに出かけました。

ところが、「当たり前のことをしているだけだから、もにす認定を受けても変わりません」と、ほぼ企業トップ全員の回答。これが今回の認定企業の総意だ！と、最初の三日で理解しました。認定企業は、認定を受ける地点ですでに、お手本以上の企業だったのです。

では、もにす認定の本を出す意味はなんだろう。

その意味は、取材先が教えてくれました。たとえば、無期限雇用が人に与える安心。少子化、人不足と言われる昨今、結婚して子どもを持ち、そして、持ち家をローンで組める企業に勤務できている幸せ。家庭と仕事の安定によって、会社への愛情、感謝、事業拡大への貢献が生まれていました。

雇用条件があまり恵まれない障害を持つ人たちにとって、安心して能力を発揮できる職場がどれだけ重要か。障害者が企業の戦力、休まれると困る人になり、長期的に企業に貢献してくれる人材となれば、お客様、雇用主、本人 三方良しの関係が築ける。そんな実践をしている五社のことを伝えたい。

また、厚生労働省の小野寺課長（当時）の取材で、「もにす認定には、地元のハローワーク職員が、認定確認で障害者雇用優良企業を実際に見ることで、リアルな良い雇用のノウハウを知ることができるという第二の意味がある」と伺いました。そんな広がり方に感動して、出版の決意を固めたのです。

この本をきっかけに、もっとたくさんの障害者雇用が生まれて、より良い事例が日本中に広がることを願っています。私はこれからも、この共生社会をつくるみなさまの大ファンであり、私自身も熱狂的な障害者雇用ファンで、〝仕事づくりのオタク〟であり続けます。みなさんもぜひ、障害者雇用のワクワクするお話、アイディアを教えてください。

本書の出版にあたり、ご協力いただいた企業関係者および厚生労働省のみなさま、クラウドファンディングでご寄付をいただいたみなさまに、こころより感謝を申し上げます。また、出版を快く引き受けてくださったラグーナ出版、素敵な装幀をデザインしていただいた加藤文子様、取材文を執筆くださった菅間大樹様、高田麗子様の助力なしには刊行できませんでした。御礼申し上げます。

そして、心強い推薦文をお寄せくださった、人を大切にする経営学会会長の坂本光司先生に厚く御礼申し上げます。

最後に、母に感謝を捧げます。

同時にみなさまの、日々のハッピーが増えることを願います。

一般社団法人ありがとうショップ代表　砂長美ん

障害者雇用で幸せになる方法――もにす認定5社の企業戦略　目次

3章 「もにす認定制度」がわかる！ ガイド ―― 165

参考資料

1章

「もにす認定制度」が目指す未来像

中小企業における障害者雇用の取り組みが今後さらに進展することを目指し、二〇二〇年四月よりスタートした「もにす認定制度」（障害者雇用に関する優良な中小事業主に対する認定制度）。認定を受けると、融資や広報などの面でメリットもあるといいます。厚生労働省においてこの制度の構築を推し進めた、同省職業安定局障害者雇用対策課の小野寺徳子課長にお話を聞きました（役職は取材時、二〇二三年六月六日のもの）。

厚生労働省から見た障害者雇用

現在の障害者雇用状況

日本で障害者雇用促進法が制定されたのは、一九六〇（昭和三十五）年、当時の名称は「身体障害者雇用促進法」といいました。それからもう六十年以上が経過しており、**障害者雇用率は全体としては進展してきました**。

二〇二二年時点では、障害者雇用数約六十一万四千人、実雇用率二・二五パーセントと、ともに過去最高を更新しています（一八ページ、表1）。ところが、企業規模で見ると、法定雇用率を上回っているのは一〇〇〇人以上規模企業のみで、四三・五〜一〇〇人未満の**中小企業の実雇用率は二パーセントにも届いていない**のが現状です（一九ページ、表2）。

しかし、以前から当たり前のように障害者雇用をおこなっている中小企業もあります。

社会貢献ではなく、経営戦略としての障害者雇用

実際に障害者を雇用している中小企業にお話をうかがうと、みなさん「**これは社会貢献ではなく、経営戦略だ**」とおっしゃいます。

何百人、何千人も雇用している大企業と違い、中小企業にとって従業員を一人増やせるかどうかというのは非常にシビアな問題です。一人分の給料を捻出するためには、それ以上の売り上げがなければ成り立たないわけですから、**成果に寄与しない人材を雇うことはできません**。

「この仕事をやってくれる人がほしい」ということにマッチすれば障害を持つ人でもよいわけですが、**その人にしっかり働いてもらわなければならない**んです。必然的に、どうやったらこの人にわかりやすく指示を伝えられるだろうか、どうしたらこの人の力が発揮しやすい環境になるだろうかと、知恵を出し合って工夫することになるでしょう。

そういった中小企業に雇われた障害者も、ハンディキャップがあることを強みとして生かしながら活躍している方が多いように思います。**視力は弱い代わりに、聴く力が優れている。細かいところが気になるから、作業に妥協がない。こだわりが強いため、正確性が高い**といった具合で、

「もにす認定制度」の誕生に大きく尽力した、厚生労働省職業安定局障害者雇用対策課長、小野寺徳子氏（役職は取材時）

もはや「障害」ではなく、「特性」といえるかもしれません。誰にでも特性はあるわけですから、その特性をどうやって強みにするかという工夫をしながら働いているのでしょう。

だから、その人がいないとお店が開かないとか、メインの機械が動かないとか、企業にとってなくてはならない戦力として、「**絶対に辞めてもらったら困る**」**と言われるような働き方**が実現できているのだと思います。

障害者とともに成長する中小企業

中小企業の良い点の一つは、**トップダウン的に経営者のひと言ですぐに始まる**ところです。経営者が「やるぞ！」と言い出し、社員たちが「しかたないから、やるか」とたとえ渋々でも始めたことが、次第に一緒に働く障害者に感化されて、「**一**

緒に頑張ろう！」に変わっていくことは珍しくないでしょう。

とにかくスタートすることが大切です。そうすれば、社員たちも成長するし、働く環境も良くなっていくし、**結局はその企業自体の成長につながっていく**んです。これこそが、**障害者雇用の本質**だと感じています。

まさに、**経営戦略としての障害者雇用**です。

こういったメリットは、大企業ではなく、**地域の中小企業だからこそ最大限に得られる**のではないでしょうか。

はじめての試みにとまどう中小企業も

一方、これまで**全く障害者雇用に関わってこなかった**という企業もあります。

そういう企業にとっては、法定雇用率の適用や雇用の義務化があるから障害者雇用について考えなくてはならなくなった、という状況もあるでしょう。

いきなり「障害者雇用ゼロ人企業」「未達成企業」と指摘され、だから障害者を雇用しなさいと言われても、どうすればいいのかわからない。障害者がどこにいるのかもわからないし、どんなことができるのかもわからない。

ともすれば、**障害者雇用なんて面倒くさい、トラブルが起こるかもしれない、雇用前の準備や対策など企業側の負担が大きすぎる**のではないかという**偏見や思い込みで、取り組みが進まない企業が多い**のは承知しています。

そのような中小企業に、大企業の障害者雇用例を見せても「それは大企業だからできることだ」と言われて終わりでしょう。企業規模も使えるお金も違うのだから、同じことをしてもらおうとしても無理があります。

しかし、同じような規模の中小企業ならば、**現実味のあるロールモデル**として見てもらえるのではないでしょうか。

障害者雇用にみずから取り組み、障害者の特性を戦力にして「**企業経営が改善したよ**」「**成長したよ**」**という実例を持っている中小企業雇用主の声が、何よりも説得力を持っています。**

初めて取り組む企業に向けて、**身の丈の合った企業が「大丈夫。私たちにもできたよ」**と伝えてくれる機会を設けることが大切だと思い、それを実行する制度を作りました。

それが、**もにす認定制度**です。

表１　実雇用率と雇用されている障害者の数の推移

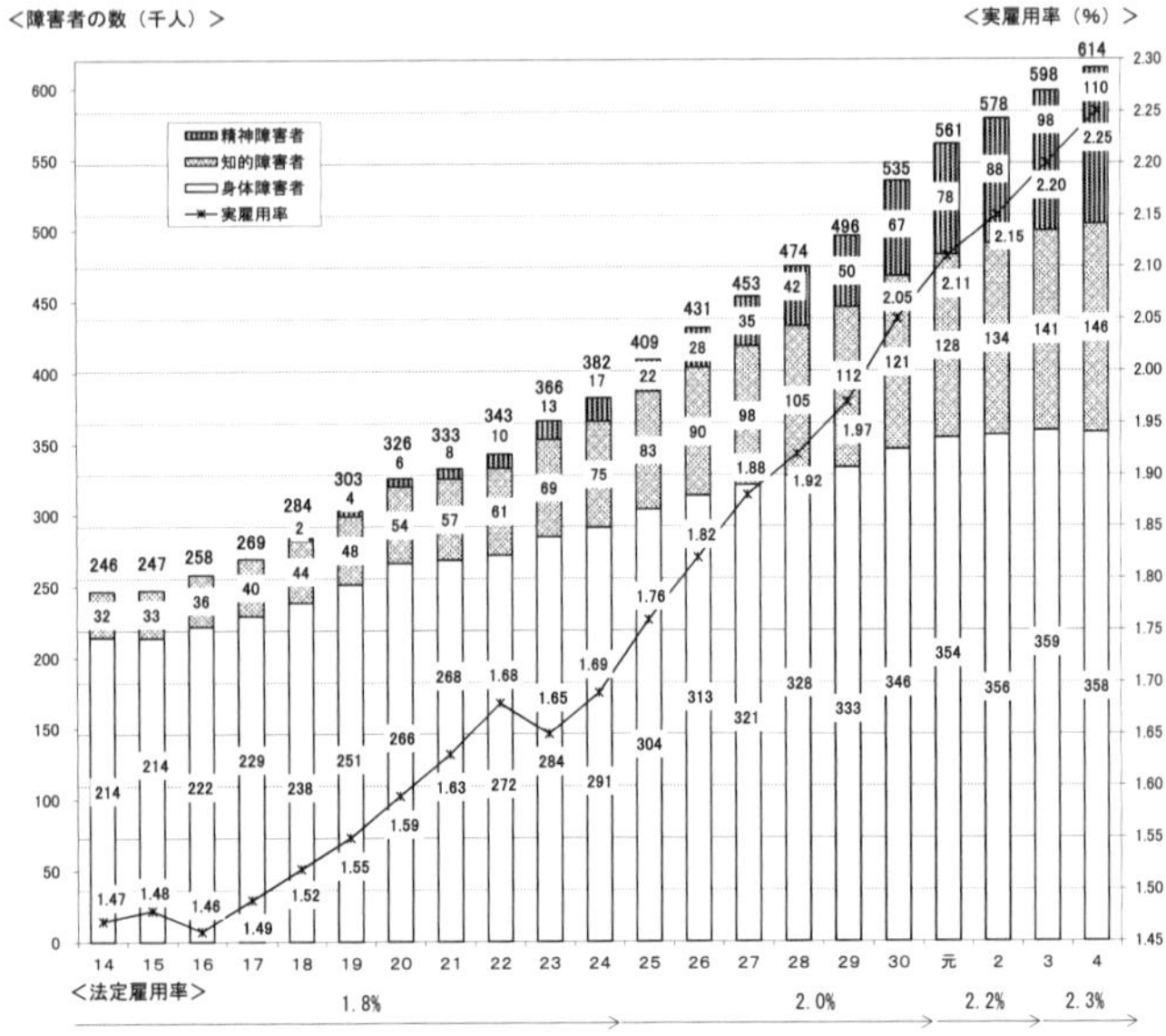

注１：雇用義務のある企業（平成24年までは56人以上規模、平成25年から平成29年までは50人以上規模、
平成30年から令和２年までは45.5人以上規模、令和３年以降は43.5人以上規模の企業）についての集計である。

注２：「障害者の数」とは、次に掲げる者の合計数である。

平成１７年まで
- 身体障害者（重度身体障害者はダブルカウント）
- 知的障害者（重度知的障害者はダブルカウント）
- 重度身体障害者である短時間労働者
- 重度知的障害者である短時間労働者

平成１８年以降
平成２２年まで
- 身体障害者（重度身体障害者はダブルカウント）
- 知的障害者（重度知的障害者はダブルカウント）
- 重度身体障害者である短時間労働者
- 重度知的障害者である短時間労働者
- 精神障害者
- 精神障害者である短時間労働者
  （精神障害者である短時間労働者は0.5人でカウント）

平成２３年以降
- 身体障害者（重度身体障害者はダブルカウント）
- 知的障害者（重度知的障害者はダブルカウント）
- 重度身体障害者である短時間労働者
- 重度知的障害者である短時間労働者
- 精神障害者
- 身体障害者である短時間労働者
  （身体障害者である短時間労働者は0.5人でカウント）
- 知的障害者である短時間労働者
  （知的障害者である短時間労働者は0.5人でカウント）
- 精神障害者である短時間労働者（※）
  （精神障害者である短時間労働者は0.5人でカウント）

※　平成30年以降は、精神障害者である短時間労働者であっても、次のいずれかに該当する者については、１人分とカウントしている。
①　通報年の３年前の年に属する６月２日以降に採用された者であること
②　通報年の３年前の年に属する６月２日より前に採用された者であって、同日以後に精神障害者保健福祉手帳を取得した者であること

注3：法定雇用率は平成24年までは1.8%、平成25年から平成29年までは2.0%、平成30年から令和２年までは2.2%、
令和３年以降は2.3%となっている。

表2　企業規模別実雇用率

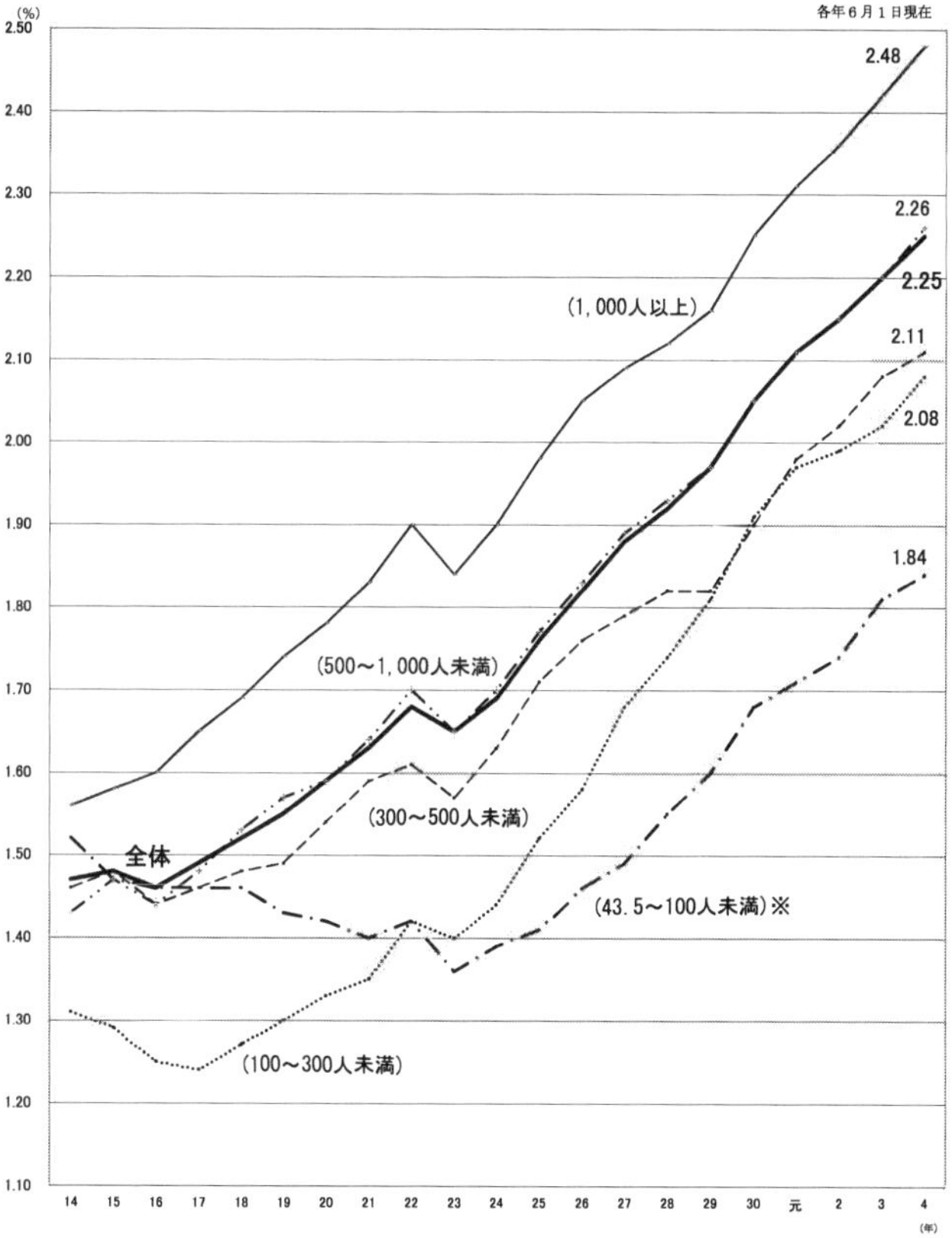

※24年までは56～100人未満
※25年から29年までは50～100人未満
※30年から2年までは45.5～100人未満
※3年からは43.5～100人未満

もにす認定制度、もう一つの目的

担当職員の知識をアップデートし、成長を促す

じつは、もにす認定制度にはもう一つの目的があります。それは、担当職員の成長です。

厚生労働省のなかで障害者雇用対策を担っている職業安定局は、一般の方には「公共職業安定所・ハローワーク」としてのなじみが深いのではないでしょうか。

みなさんがハローワークを訪れる目的は、主に職業相談や雇用保険の手続き等かと思います。事業主ならば、求人や助成金などのご相談でしょう。職員は、そういった訪問者のご相談にお応えするための知識や情報はたくさん持っています。

一方、こちらから訪問する代表的な機会は雇用指導でしょう。例えば、障害者雇用の法定雇用率を達成していない企業に、「障害者を雇用してください」と伝えに行くわけです。

そのときに「どうやって障害者を雇用すればいいかわからない」と相談されても、それぞれの状況に合った的確なアドバイスを十分に行える職員ばかりではありません。なぜなら、職員が訪問する企業は未達成企業ばかりで、**障害者雇用の好事例である企業を見る機会は少ない**からです。

もにす認定制度、申請の仕上げは職員の実地調査

もにす認定制度の申請は、書類の提出だけでは終わりません。原則、労働局職員が事業所を訪問して一つひとつ申請内容と照らし合わせて確認することになっています。

それは、**地域にある優良企業を、障害者雇用に携わる職員自身の目で見る機会を積極的に作りたかった**からなんです。書類上のデータだけでなく現場の様子を見て、声を聞いて、生きた情報にふれる。そうやって、素晴らしい取り組みについての知識と情報で引き出しを満たしておけば、障害者雇用について悩んでいる企業に適切な助言ができるようになるでしょう。

経験を積んで**職員の助言する力が向上すれば、それをさらに地域の中小企業へと還元することができる**というわけです。

また、**訪問することで事業主や現場で働く人たちと顔がつながって、互いに良好な関係を築くきっかけになる**ことも期待しています。**ハローワークにとって、いちばんのお客様**は地域の企業

です。企業の理解があって、働く場を作ってもらってこそ、障害者の就職が実現するわけですから。企業支援はとても大切なことなんです。

それに、**良い企業を見に行くと、勉強になるだけでなく、感動する**じゃないですか。ものすごく大きなエネルギーをもらえるんです。だから、職員にもそういった体験をたくさんして、おおいに刺激を受けてほしいですね。

二〇一九年、障害者雇用促進法の大改正

改正で目指す透明化

二〇一九年に、障害者雇用促進法の改正がおこなわれました。改正のきっかけは周知のとおり、国と地方公共団体の多くの機関において、障害者雇用状況の不適切な計上があることが明らかになったからです。再点検の結果、報告と実雇用率には大きな差があり、法定雇用率を達成していない状態だったのです。

ただちに、回復に向けた取り組みが始まりました。

民間企業に「障害者を雇用しなさい」と言っておいて、国や地方公共団体がやっていなかったわけですから、しっかりと胸を張れるような雇用をしなければ意味がありません。

実雇用率を上げるのはもちろんですが、数だけを見るのではなく、働きがいや待遇といった**雇用の質の部分までしっかりと向上させていく**ことが重要です。そのために、それぞれの機関に具

体的な「障害者活躍推進計画」の策定を義務付けました。

官民一体で推進する障害者雇用

この「活躍推進計画」をパラレルに置き、民間企業に対するもにす認定制度の評価軸を設定しました。

障害者雇用の質を高めるための取り組みを考えたとき、公的機関と民間企業を分ける必要がないと感じたからです。

漠然とした数値だけの目標ではなく、具体的な支援内容や合理的配慮、トップの考えや従業員に対する意識改革など、何を問うかは決まっていたものの、配点調整はスムーズにはいきませんでした。

もにす認定制度の評価基準がある程度固まったときに、障害者雇用に積極的に取り組んでいる特例子会社や中小企業など複数の企業に、「試しに点数をつけてみてほしい」と依頼したところ、ほとんどの企業が当初の認定ラインに届かなかったのです。

実態がないのに合格できてはいけない。しかし、**障害者の活躍に向けてさまざまな取り組みを**

実施している企業が不合格になってしまうのなら、意味がない。

評価軸は固まっている。では、どうすれば、多種多様な中小企業を適正に評価できるのか。
この制度を作るなかで、配点と認定ラインの調整には多くの企業様のご協力をいただきました。

もにす認定制度で描く未来

企業・事業主のメリットを拡大したい

まずは、もにす認定制度を世の中に広めることが大切です。

そのためには、**もにす認定企業・事業主へのメリットをもっと増やしたい**ですね。

ハローワークでも、認定企業は求人情報にマークを掲載したり、特別な方法で掲示をしたりと、「もにす認定企業からの求人ですよ」ということを前面に出して、多くの求職者の方々に積極的にPRしています。コロナ禍で減っていた合同面接会も再開しましょう。

企業に対するセミナーで認定事業主の方に登壇していただくなど、**認定企業の素晴らしい取り組みを広める機会も増やしたい**と思っています。

また、企業実習や見学を受け入れやすくするための施策や、入札に関する優遇措置なども調整中です。

ただ、ある程度の認定企業数が集まらないと実現が難しい取り組みもあるため、やはり認知度を高める必要性を感じています。一方で、認定した企業の皆さんからは「申請に当たって、改めて自社の障害者雇用について棚卸をして、再評価することで、強み・弱みや今後のさらなる取り組みへの方向が見えることが最大のメリット」といった声も聞かれます。

中小企業から大企業へ

現在、もにす認定制度は中小企業を対象とする施策ですが、大企業には関係ないというわけではありません。

もにす認定制度が中小企業に浸透し、制度として熟成した頃、大企業も含め、雇用義務企業全体を対象にした「雇用の質」の評価軸を作る必要があると思っています。

障害者雇用の質についての評価をして、機関投資家がその点数を参考に投資先を決める、というくらいの制度にしたいですね。

まずは、**障害者は戦力になるということを中小企業から十分に広めてもらって、さらに大企業が動けば、日本の働き方は大きく成熟する**でしょう。

もにす認定制度は、そのための第一歩です。しっかりと歩き続けていけるよう尽力します。

2章　もにすな仲間たち

～認定取得5社の企業戦略～

二〇二三年六月三十日現在、「もにす認定」の認定事業主は全国で三〇七事業主。そのなかから五社の代表に、認定に至るまでの取り組みや今後の展望をうかがいました（本文中、特に注記のないデータは、二〇二三年八月一日時点のものです）。

障害者の可能性を活かすために

ダンウェイ株式会社

代表取締役社長　高橋陽子氏

息子の障害をきっかけに、能力可視化ができる「シームレスバディ®」を開発。障害児者の可能性を切り開いている。

ダンウェイ株式会社を
動画で紹介しています

会社名	ダンウェイ株式会社
代表者	代表取締役社長　高橋陽子
創　業	二〇一一年一月四日
所在地	神奈川県川崎市中原区新城一―一二―一五
事業内容	障害者就労支援事業（就労移行支援、就労継続支援B型、自立訓練、就労定着支援）、障害者雇用支援事業、障害者雇用事業、障害者就労支援・雇用指導者育成事業、障害児支援事業（放課後等デイサービス）、教育事業、ICT事業
資本金	二一〇〇万円
従業員数	三十一名
障害者雇用人数	一名（勤続十二年）
もにす認定取得年月日	二〇二〇年十二月二十四日
ウェブサイト	https://www.danway.co.jp/

一歩前へ、踏み出そう！

障害がある方の就業を多角的に支援

約200名の就労実績を誇るダンウェイ・高橋陽子代表（左）

ダンウェイは、神奈川県の川崎市・横浜市、東京都を中心に、知的・身体・精神・発達障害の方々を支援する会社です。

まず、就労支援事業として、就労移行支援・就労定着支援・就労継続支援B型、自立訓練などをおこなう事業所を経営しています。ダンウェイからは**毎年のように十名以上の利用者が企業に採用**されており、トータルで約二百名の雇用決定をしてきました。また、**就労決定後に半年以上働き続けている方の割合は、平均値を大きく上回る九十**

六パーセントです。

また、障害者雇用をおこなう企業側に対する支援事業として、障害者雇用支援事業、障害者就労支援・雇用指導者育成事業などもおこなっています。さらに、障害児支援事業として、放課後等デイサービスも運営しています。就労支援事業所や放課後等デイサービスを合わせると、毎月一二〇名ほどの障害者が利用してくれています。

障害者の社会進出と人材育成をサポートするソフトウェア開発や、ビジネスモデルの確立など、当社が多角的な支援をおこなっていることが評価され、二〇一六年には「女性起業家大賞」最優秀賞も受賞しました。

我が社の〝縁の下の力持ち〟は視覚障害者

人柄にひとめ惚れして即採用

当社は、社員三十余名の会社です。そのうちの一名であるAさんは、視覚障害のある障害者です。**Aさんは現在、課長職を担っており、私の右腕の一人でダンウェイの〝縁の下の力持ち〟という立場**でがんばってくれています。

ダンウェイに入社する前のAさんは、舞台女優として演劇活動をしながら働いていました。ところが、目に違和感を覚えるようになり、検査を受けたところ視覚障害を伴う進行性の難病だと診断されます。だんだんと視力が弱まっていくとのことで、働き方を変えなくてはならないと思ったAさんは、障害者手帳を取得しハローワークを訪ねました。その頃、ちょうど当社でも求人を出していたのです。

初めてAさんに会った瞬間に、私は採用を決めていました。Aさん自身の人柄に惚れて、絶対に入ってほしいと思ったんです。**障害があるとかないとかは関係なく、この人と一緒に進んでいきたい**と思いました。どうやら、Aさんのほうでも、自分が障害者として働こうと決めたタイミングで動きだしたダンウェイという会社に、ご縁を感じてくれていたようです。

二〇一一年一月にダンウェイを設立し、同じ年の二月十四日にAさんが入社しました。彼女は、**障害者雇用第一号であると同時に社員第一号でもある**のです。

ともに走りたいと説得した長電話

採用決定の連絡をしたとき、Aさんは最初、辞退を申し出てきました。

当時、Aさんは東京都内に住んでいて、神奈川県川崎市にある会社まで一時間半かけて通っていました。白杖を使いながら、三つの路線を乗り換えるというなかなかハードな電車通勤です。

それでも、私は**Aさんと一緒に進みたい**と思ったんです。第一印象で感じた人柄に間違いはなく、立ち上げたばかりの会社を続けるためにも彼女の力が必要不可欠でした。

そこで、私はAさんを引き留めるために電話を切らず、「Aさんとの出会いを大切にしたい」と説得を繰り返して、気づけば二時間以上経っていました。Aさんが、「ちょっとチャレンジしてみようと思う」と言ってくれたときは、ほんとうに嬉しかったです。

その後すぐの二〇一一年三月十一日、東日本大震災の発生。ご存じのとおり、長く続く大きな余震、電力への不安、情報の錯綜などが起こり、しばらく混乱が続きました。何度も何度も壁にぶつかりながら一緒に越えてくれたAさんには、本当に感謝しています。

合理的配慮が職場の環境改善に

Aさんは、視力が弱くなっていく難病ですが、全く見えないわけではありません。パソコン画面上で拡大し、大きくてはっきりした文字にすれば読み取ることも可能です。しかし、短い文ならともかく、長い文では画面の端から端まで何往復も文字を追うことになり、疲れてしまいます。目にかかる負担も重くなるでしょう。

そこで、Aさんの視力にかかる負担を軽減するために、パソコン画面に表示された文字を音声で読み上げる機器を導入しました。目だけでなく耳からも情報を得るためです。

設備で補えない部分は、他の社員たちが手助けをしています。例えば、床に荷物を置いた場合に「Aさん、足下に段ボールがあるから気をつけて」と声をかけるといった具合です。

もちろん、日常的に床に荷物を置かないように気をつけていますし、視覚的にわかりやすい表記や配置も心がけています。**障害がある人が働きやすいように配慮することで、結果的に障害がない人にも動きやすい職場環境になっている**のではないでしょうか。

Aさん自身、長い間生活してきて途中で障害を持つことになったということを受け止めきれない時期もあっただろうと思います。私も、Aさんと**一緒に勉強してきました。**業務内容や働き方について、話し合いながら、工夫しながら、試行錯誤を続けています。

Aさん本人の努力で得た信頼と評価

Aさん自身も、わからないことやできないことがあったときには、無理をせず他の社員たちに声をかけるようになりました。一方で、Aさんが得意な分野では、他の社員たちもAさんを頼りにしています。

Aさんは、とても明るく朗らかな性格で、高いコミュニケーションスキルと対話力を持っています。それらが優れているのは、演劇活動を長く続けながら日々努力を積み重ねているからなのかもしれません。そして今は、その対話力を活かして、社内でファシリテーターなども担っています。

ファシリテーターとは、中立的な立場で会議中の意見をまとめ、よりよい結論に導く役どころです。単なる進行役にとどまらず、会社全体の動きを把握して各部門の進捗を確認し、相互理解をサポートするという大役ですが、Ａさんは立派に務めてくれています。私はＡさんに、「目で見るのが苦手でも、口を動かして」と依頼しました。Ａさん自身は「会議は音声で情報が得られるから」と謙遜しますが、ファシリテーターには他のスタッフからの信頼が必要不可欠でしょう。そして、その信頼は、Ａさん自身が積み上げてきたものなのです。

コロナ禍より前に始まったリモートワーク

あるとき、私はＡさんにリモートワークを提案しました。**視覚障害者にとって、通勤中の事故は命に関わることも珍しくありません。**白杖を持ちながら電車通勤を続けるＡさんが心配だったんです。しかし、リアルで人と交流することが好きなＡさんは、なかなか「うん」と言ってくれませんでした。私は説得を続け、ようやく「**まずは、スカイプから始めてみよう**」ということになりました。

それが、二〇二〇年一月です。その二カ月後に新型コロナウイルス感染症緊急事態宣言が国から発令され、多くの人がリモートワークをせざるを得ない状況になるとは思ってもいませんでした。全くの偶然ですが、たまたま二月から在宅勤務を始めていたことで、Ａさんは他の社員にとって「リモートワークの先輩」になりました。だから、Aさんには、オンライン会議ツールを使いながら社員研修をおこなう講師役にもなってもらったんです。

先ほどお話ししたファシリテーターの役割をお願いしたのも、実はリモートワークが始まってからでした。Aさんは、当初「現場にいないのに、まとめ役は難しい」と、とまどっていました。しかし、もともと聡明な人なので、ファシリテーターとして会議をまとめ、議事録を作成することで「会社の動きがとてもわかりやすくなる」と言ってくれて、ほっとしました。

Aさんの働き方を適正配置の好事例として広めたい

Aさんは、スケジュールを年単位で考えられる人です。例えば、演劇活動での公演があるとき、Aさんは二週間まとめて休暇を取ります。当社は小さな会社ですから、社員が二週間も休んだら普通は困ると思うでしょう。

でも、Aさんは、公演日が決まると「ここで二週間休むから……」と逆算して、困りごとになりそうな「種」を見つけては対処しておくのです。直前であわてて準備するのではなく、長期スパンでスケジュールを組み立てているから、社員たちはAさん不在の二週間を困ることなく過ごせます。それは、なかなかできることではありません。

二〇一七年より、Ａさんは時差出勤・時短勤務を開始していました。そのときも、Ａさんは他の社員たちに迷惑がかからないようにと綿密な計画を立てています。まず、出勤時刻を九時から十時に変更して、七時間勤務にしました。順調に運ぶことを確認してから、次に週五日勤務を四日にと、徐々に就業時間を短くしていったのです。

在宅勤務に変更するときも同じでした。私が「リモートワークにしてはどう？」と勧めている間にも、Ａさんは着々と準備を進めていたというわけです。

先手を打つ行動ができるＡさんは、社員たちにとっても、私にとっても、ダンウェイにとっても必要不可欠な人財です。同時に、マネジメント能力を持つ社員は、時短勤務や在宅勤務であっても管理者として十分に働けることの証明でもあります。**障害がある方のキャリア形成における「適正配置」の有効性を説く好事例**といえるでしょう。

Ａさんには苦労をかけてしまうこともあるけれど、これからも私の右腕の一人としてともに走り続けてほしいと願っています。

障害のある人×良い商品＝チャレンジ

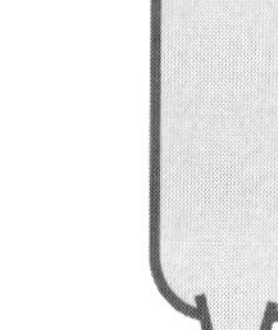

素晴らしいシークヮーサーと運命の出会い

二〇一七年十一月、当時の私は「障害のある人の新しいチャレンジのしかた」について考えていました。より重度の障害があったとしても働ける、よりよいコラボレーションはないだろうかと、ずっと模索していたんです。

そんな時期に、沖縄県名護市で農産物加工業を営んでいる「和《なご》・シークヮーサー笑費隊」の渡具知さんと出会いました。そして、目の前で絞ってもらったシークヮーサーの美味しかったこと！

私は以前からシークヮーサーが大好きで、二十年以上愛飲していました。いろいろなシークヮーサーを飲んできたつもりでしたが、初めて生の果実を目にした、このときのシークヮーサーは格別でした。超フレッシュな香りと爽やかな酸味、こんなに素晴らしいシークヮーサーがあったのかと驚きました。

「情」ではなく、「商品の良さ」で買ってもらう

コラボで扱うものは、「商品自体がいいもの」であることが大切です。私は、「障害者が扱っているのだからと『情』で買ってもらう」のではなく、**「いいものを扱っているのが、たまたま障害者というだけのこと」**を目指しています。

だからこそ私は、「コラボするのならこのシークヮーサーしかない！」と思い、その場ですぐに交渉を始めたのです。

こうして、素晴らしいシークヮーサーを障害のある方たちがお届けする「シークヮーサープロジェクト」が始まりました。

ICT治具とのコラボで、チラシやウェブページ作成を実現

シークヮーサープロジェクトでシークヮーサーの果汁やパウダーを販売するスタッフは、障害のある方々です。また、**商品紹介のチラシやウェブサイトも、障害のある方が「ICT治具」などを使って作成**しています。

ICT治具とは、当社が開発した支援ツールです。レポートやプレゼン資料、ウェブページを

社内のカレンダーにも、ひと工夫（川崎市YouTubeチャンネル「Kawasaki Innovation Standard」で紹介。提供：ダンウェイ株式会社）

作成するためのソフトウェアで、重度の**知的障害のある方が使用することを前提に開発**しています。

ＩＣＴ治具の画面はとてもシンプルです。必要最低限の機能に絞り、作成作業の順番ごとに番号を振る、イラストを多用するなど、手順に迷わないような工夫を施しています。また、特別支援教育の現場で採用されているとおりに「進め」「確認して進め」「注意」「止まれ」を、信号の色と同じ色分け表示にしているため、理解しやすいのも特徴です。

障害者の新しい働き方を創造するシークヮーサープロジェクトは、開始して以来、多くの方々から応援をいただいています。

実は、沖縄では年間多くのシークヮーサーを生産していますが、ジュースなどに加工する行程で出る「絞りかす」も大量にあるそうです。飼料などへの利用も進められていますが、大半は廃棄しているのだとか。このプロジェクトには、シークヮーサーの消費拡大を目指すことで廃棄を減らすことを実現し、沖縄県名護市のシークヮーサー農家を支えたいという思いも込められています。

良い商品と支援ツールのコラボ、障害者の働き方を創造、農業×福祉のコラボ、さらには廃棄減を目指す豪華なプロジェクトとなりました。「沖縄県名護市のシークヮーサーを通して、人々の【健康×元気×幸せ】を支える！」をテーマに、これからもさまざまな取り組みに挑戦します。

障害者の能力を可視化するツールの開発

障害者の母親として解決したい課題に挑む

私自身、重度の知的障害がある子どもの母親でもあります。そのこともあって、社会における障害者を取り巻く課題を解決したいと思い、支援事業を始めました。

現場のトレーニングも企業とのマッチングや定着支援も、教材開発やソフトウェア開発もというように、さまざまな取り組みをおこなっていますが、起業当時から課題解決の軸は「**障害者の能力の可視化**」です。

誰もが同じ「概念」を持っているとは限らない

当社で開発したソフトウェアの一つである「シームレスバディ®」（Seamless Buddy®）は、主に**障害がある方にとって「何が得意で何が苦手なのか」などを可視化するツール**です。

社会では、多くのことが「共通認識」のもとで成り立っています。例えば、「**赤いボールペンを**

十本持ってきてください」という指示には、ぱっと思いつくだけでも次のような共通認識が必要です。

・ボールペンとは何か知っている
・赤色とは何か知っている
・色の見分けがつく
・赤いボールペンの見分け方がわかる
・十という数がわかる
・ものの数を数えられる

このとき、備品の保管場所や備品管理帳の記入方法などは、職場ごとの個別ルールですから、別途説明があるでしょう。しかし、「ボールペンとは何か」「赤とはどのような色か」といった概念については、「わかっているだろう」と思われているため、改めて説明されないことのほうが多いはずです。

しかし、**誰もが同じ「概念」を持っているとは限りません。**

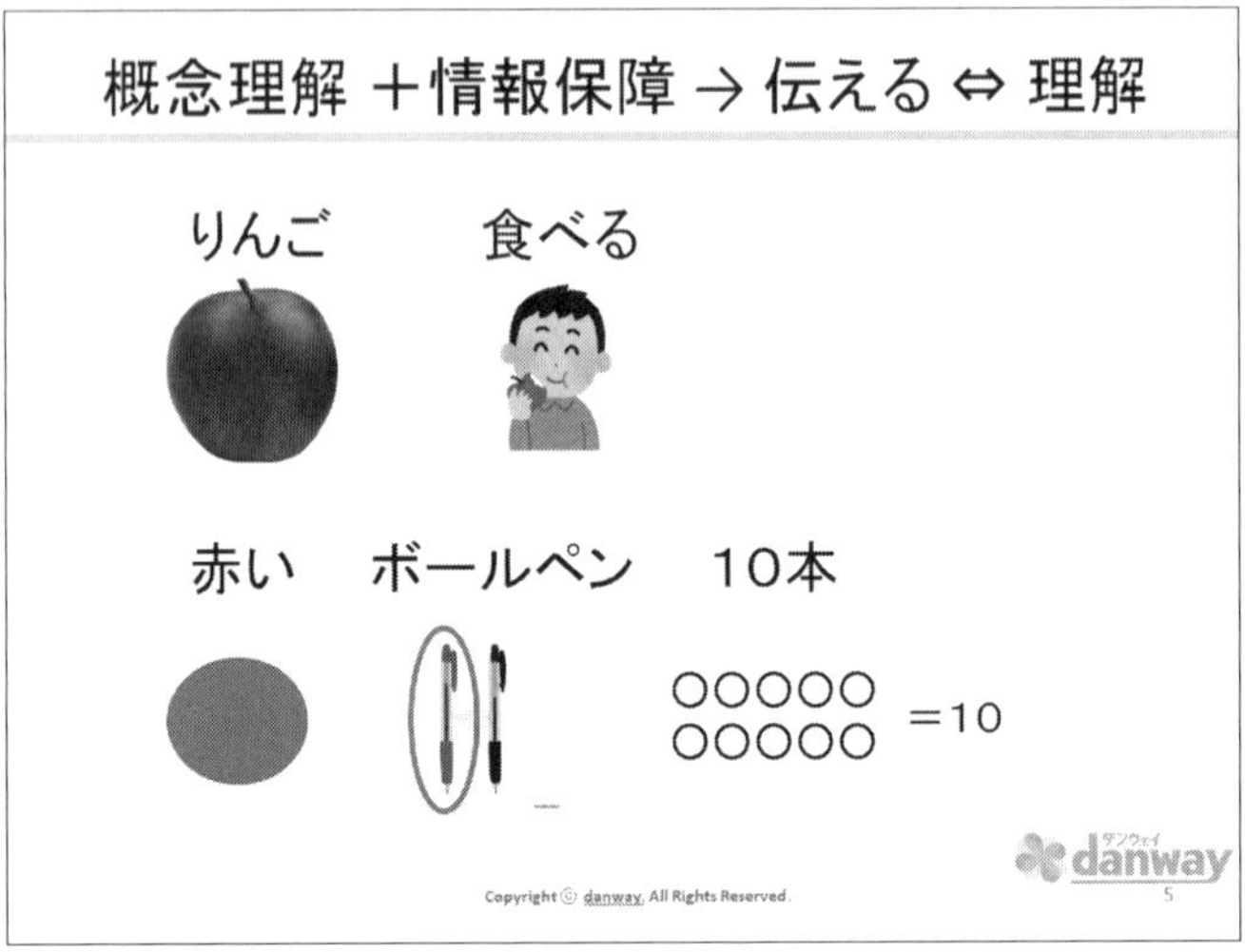

共通認識が成り立つにはいくつもの段階がある（提供：ダンウェイ株式会社）

「伝わらない」のはなぜなのか

ひとくちに障害と言っても、その特性はさまざまです。見た目ではわからないことも多いでしょう。指示を理解することが難しいという方もいますが、数も数えられるし決まった場所から持ってくることもできるけれど、「**赤がわからない**」「**ボールペンがわからない**」という方もいます。つまり、**「赤いボールペン」という概念がないというケースです。**

もしかすると、赤いボールペンの写真を見ればわかるかもしれません。簡略化されたイラストのほうが理解しやすい方もいるでしょう。あるいは、実物を見るほうがよいのかもしれません。どの方法がより適しているかは、人それぞれです。

しかし、繰り返しになりますが、その人がどのような概念を持っているかということは、目には見えません。企業などで指導する立場の障害のない人にとっては、**「概念がない」ということ自体が想定されていない**ように思えます。だから、指示が伝わっていないと感じたときに、同じ言葉を繰り返したり、ゆっくり話したりすることが多いのではないでしょうか。そして、なぜ伝わらないのかわからないのにもかかわらず「障害のある社員に指示が入らなくて困る」と思い込んでしまうのです。

概念の有無や有効な獲得方法が見えると、課題のクリアは容易に

キャリアサポートカルテ「シームレスバディ®」は、その方がどのような概念を持っているのか、あるいは持っていないのか、どのような方法で伝えると情報を取得しやすいのかといったことから、働いたり自立したりするために必要な項目を**可視化するサポートツール**です。

まずは、障害者自身に答えてもらういくつかのテスト、支援者などに入力してもらう客観的な情報から、能力や課題を数値化します。この**分析結果はレーダーチャートで表示されるため、「度合い」や「バランス」も一目瞭然**です。

シームレスバディⓇでは、概念理解だけでなく、情報保障、自己・他者・相互理解などに関する基本評価、パソコンスキルや職能評価項目も設けており、個々の強みや課題、適性なども明確に可視化されます。例えば、コツコツと一人でおこなうことが得意なのか、体を大きく動かす仕事のほうがよいのか。同じことを繰り返すことで成功率やスピードが向上するのか、逆に集中力を欠いてしまうのか、といったことなども「見える」ようになるのです。

このカルテを活かすことで、適切な合理的配慮や適性を活かしたキャリアマッチング、教材・環境などの選択ができ、潜在的な可能性を発掘することも可能になってきます。

また、シームレスバディⓇの特徴の一つは、継続的なデータ蓄積です。例えば、就労支援から実習、就職後までデータ蓄積を続けることでより精度の高いカルテが作成されます。また、「できるようになったこと」などの成長も可視化されるため、**障害者本人の自信獲得や支援者の道標としても有効**です。

データはクラウド上に保存され、パソコンやスマートフォン、タブレット端末から、いつでもアクセスできます。そのため、就労支援施設から就職や転職などで所属先が変わっても「シームレスに＝途切れることなく」利用可能です。ゆくゆくは、支援学校などからのデータなども蓄積し、より効果的な技能習得や自立促進につながることを目標としています。

ツールの工夫で、障害者自身の自立を支援する

このシームレスバディ®を活用すれば、障害者本人の有効なキャリアアップを図ることができ、適正配置によって生産性向上が望めるでしょう。その結果、企業における障害のある社員の生産性向上、ひいては企業自体の生産性向上につながることが期待できます。

障害者が、当たり前の戦力として活躍できること、それこそがシームレスバディ®の目的であり存在意義なのです。

障害のある子の親として**目指していることは、障害者本人の自立**です。子どもが小さいうちは親が面倒をみればいいかもしれません。しかし、一般的には親の方が先に逝き、子どもが残るのです。そのときまでに、継続した雇用を得て、自立した生活を送っていてほしいと願う親は少なくないでしょう。

同じ思いをしている方々にシームレスバディ®を使っていただき、雇用や人材育成に役立ててほしいです。親なき後の障害者の生活を守るためにも、シームレスバディ®がさらに多くの障害のある方々にとって「切れ目ない相棒」として一生彼らに寄り添い、支えられる存在になれることを願っています。

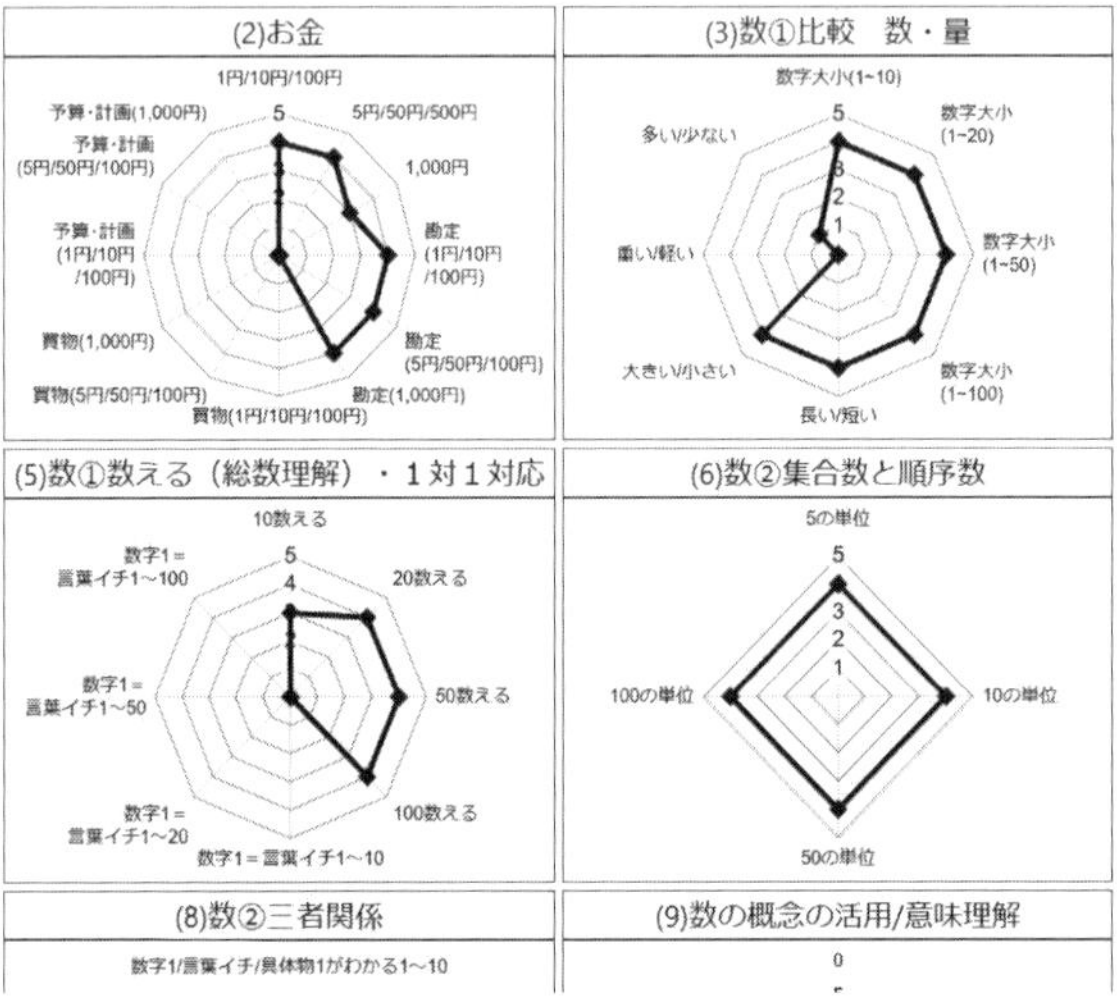

「シームレスバディ®」による、概念理解の分析結果の一部
（提供：ダンウェイ株式会社）

「もにす認定」を、未来の働き方のグランドデザインに

障害者雇用認定のため、もにす認定制度づくりに携わる

二〇二〇年四月に始まった「もにす認定制度」ですが、私はその**制度作りにも携わっています。**

二〇一九年五月から厚生労働省労働政策審議会の障害者雇用分科会委員になり、最初に関わった議題が「中小企業の障害者雇用に関わる認定制度について」でした。

そのときに、「中小企業を対象としたヒアリングをおこないたい」、実際に**障害者雇用を実施している中小企業の意見を聞きたい**と言われたのです。そこで、私は加入している**中小企業家同友会を含めた自身の仲間たちに協力を仰ぎ、急ピッチでアンケートとりまとめを進めました。**

現在、障害者雇用の義務範囲は従業員を四十三・五人以上雇っている企業とされており、それよりも従業員が少ない中小企業は厚労省の指導対象外です。しかし、当たり前のように障害者を雇用して、ともに働いているところはたくさんあるんです。

障害者雇用認定制度をよりよいものにするため、現場の生の声をふまえて、何度も何度も話し合いを重ねました。

もにす認定制度で何点くらいとれるのか、気軽に自己採点を

もにす認定は始まったばかりの制度ですが、障害者にとっても、障害者雇用をする企業にとっても、それぞれの夢が広がっていると思っています。

ただし、もにす認定を受けるための書類作りは大変ですよね。会議に参加していた私ですが、どのような手続きが必要かというところまでは携わっていません。だから、**実際に申請する際には必要書類の多さと細かさ、マニュアルの難解さに驚きました。**

これでは、もにす認定はハードルが高いと感じてしまっている企業もあると思います。でも、そんなことはないんです。

もにす認定制度は、「ここができていない」と責める制度ではありません。地道にがんばっている中小企業を客観的に評価・応援し、さまざまな形で障害者雇用を進め、日本中に身近なロールモデルをつくることを目指す制度です。

だからこそ、気軽に自己採点してほしいと思っています。

当社も、二〇二〇年十二月二十四日にもにす認定を取得しました。もにすの認定基準ができあがってから、「自分たちの会社は何点になるんだろう」と、障害者雇用分科会の企業側委員の中で話題になったんです。試しに自己採点をしてみると認定基準をクリアできそうな点数になり、より率先して申請を目指すようになりました。

例えば、障害者雇用にしっかりと向き合っている企業では、「障害者雇用を実施している他社を見学しています」さらには「見学を受け入れています」というところも少なくないでしょう。ということは、それでもう第一項目の一点を獲得できるんです。

「ちょっと試しに採点したら、案外いけそうだから申請しちゃおうか」くらいの**前向きな気持ちで挑戦**してもらいたいと思っています。

障害者雇用という枠組みを超えたロールモデル紹介

もにす認定事業主になると、厚労省のウェブサイト上で実際の取り組み内容がロールモデルとして紹介されます。認定企業が増えれば増えるほど、多様な好事例が世に出てくるはずです。

当社には、先ほどお話ししたAさんがいます。彼女は完全在宅・週四日勤務ですが管理職として働いてくれています。また、業務内容や働き方の創出およびマッチング、環境整備などは、彼女の視野欠損の進行度に合わせて随時調整をおこなっています。

当社が試行錯誤してきたことが、世の中に「こんな働き方もできるんだ」という一例として広まり、みなさんの参考になれば光栄です。

将来的にロールモデルの数々が**障害者雇用という枠組みを超えて、「働き方の好事例」として紹介される**ようになればよいなと思っています。障害の有無にかかわらず、誰もにとって「雇用における質の基準」の一つになることが理想です。

そうやって、もにす制度が**未来の働き方のグランドデザイン**になると嬉しいですね。

「愛ある経営」の実践者として

株式会社ワイズ・インフィニティ

代表取締役　山下奈々子氏

2000年に映像翻訳会社を設立。障害者雇用に関心を持ち精神障害者を雇用。2014年に別会社で障害福祉事業を開始。

株式会社ワイズ・インフィニティを
動画で紹介しています

会社名	株式会社ワイズ・インフィニティ
代表者	代表取締役　山下奈々子
創　業	二〇〇〇年二月二十四日
所在地	東京都港区赤坂二―一〇―九　ラウンドクロス赤坂二階
事業内容	映像翻訳（字幕・吹き替え）、放送翻訳、通訳、映像編集、出版、翻訳スクール運営
関連企業	株式会社ワイズ・インフィニティ・エイト（二〇一四年設立） 放課後等デイサービス「ポッシブ厚木さんだルーム」 障害者グループホーム「GHソシオ」
資本金	一〇〇〇万円
従業員数	二十五名
障害者雇用人数	一名（勤続八年）
もにす認定取得年月日	二〇二二年八月二日
ウェブサイト	http://www.wiseinfinity.com

事業で得た利益は社会に還元

目指してきたのは「愛ある経営」

ワイズ・インフィニティは、翻訳や通訳を主軸としたサービスを提供する会社です。字幕制作や吹き替え翻訳、文書翻訳、通訳などのほかに、翻訳者の養成講座も運営しています。今年で創業二十四年目です。

それまでは、フリーランスの翻訳者・通訳者として十年以上活動してきました。ありがたいことに仕事が増えてきて一人では回せなくなってきたため、会社にしようと思ったのが設立のきっかけです。今では登録している翻訳者の人数が七百名を超え、五十以上の国や地域の言語に対応できるようになりました。

だんだんとできることが増えてきても、「**愛ある経営**」を実践することをいつも念頭におき続けています。多様化する顧客ニーズに対して誠実に応えるというのはもちろんですが、私は他者や社会に関心を持ち続けることが大切だと考えているんです。

社員にも、**「愛」の反対は「憎しみ」ではなくて「無関心」**だと話しています。常に、他者や社会に目を向けて、関心を持ち、貢献できる企業でありたいと考えています。

できることから始めた社会貢献

私は個人的に途上国の子ども支援に寄付を続けてきましたが、二〇〇五年からは法人としても寄付を開始しています。会社を設立して五年目の頃で、たまたま多くの売り上げを出せるときがありました。その利益を寄付しようと考えて、途上国支援をおこなっているＮＰＯ法人に「このくらいの金額を、何かに役立てることはできませんか」と相談したのです。

そこで、学校建設プロジェクトを知りました。

日本では義務教育が当たり前で、中学三年生までは誰でも学校に通うことができます。しかし、世界には教育を受けられない子どもたちが大勢います。一人でも多くの子どもたちが未来に希望が持てるような支援をおこないたい、という私の願いにぴったりだと感じ、参加を決めました。

学校建設プロジェクトでは、一社で一つの学校を建設します。家から歩いて数時間かかるところにしか学校がないような地域に、小学校の校舎やトイレ、井戸などの設備を作るのです。

はじめに、二〇〇五年四月にセネガルへ寄付をして、教室が一つの学校を建設しました。同年十一月にはカンボジアにも寄付をして、学校を建設しています。カンボジアの学校には、通ってくる子どもが五百人もいるということで教室を五つに増やしたり、運動場を新設したりと追加の支援もおこないました。

開校から七年目、八年目には、カンボジアを訪問させていただき、建設した学校に通う子どもたちと交流する機会も設けていただいたのです。現地で使われているクメール語を教えてもらったり、紙飛行機の飛ばし合いをしたりと楽しいひとときを過ごしました。現地の情勢や子どもたちが教育を受けている様子も見ることができて、同行した社員にとっても良い経験になったことと思います。

十年ほど支援を続けていましたが、二〇一九年に現地の方々の力だけで運営できるようになったということで今回のプロジェクトは完了しました。

ほかにも、さまざまな途上国支援や震災義援金、児童養護施設の子どもたちの就職支援、中高生の体験学習の受け入れなどを、現在も継続しておこなっています。

「社会貢献」を経営方針に

社会貢献については、当社の経営方針にもはっきりと掲げています。

【経営方針】

わたしたちは、「お客様と外国文化の橋渡し」を通じ、「夢と感動」のサポートをします。
わたしたちは、可能な限りお客様の力になり、頼られる存在であり続けます。
わたしたちは、事業を通じて培った知識・ノウハウを還元します。
わたしたちは、がんばった社員の成果に相応の分配をします。
わたしたちは、事業で得た利益の一部を社会に還元します。

このことは、社員の採用面接の際にも必ず伝えています。「もちろん、がんばった社員の評価や相応の利益分配はおこなうけれど、**売り上げが多かったからといって全額を社員に還元することはありません。利益の何割かは社会に還元します。**そういう仕組みの会社です」と。

そう聞いて**納得できる方が入社してくれている**、ということなのでしょうね。そのためなのか、ふんわりとした雰囲気の社員が多くて、あまりガツガツしていないんです。「覇気がない」と笑う

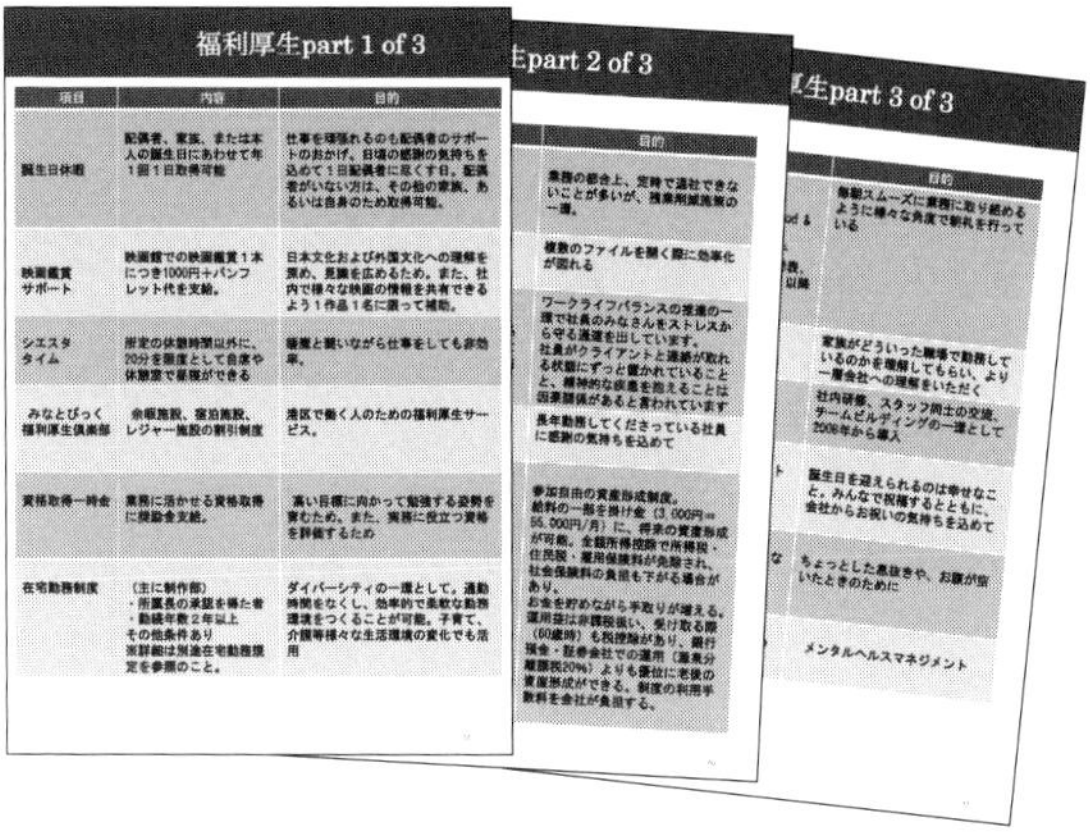

福利厚生part 1 of 3

項目	内容	目的
誕生日休暇	配偶者、家族、または本人の誕生日にあわせて年1回1日取得可能	仕事を頑張れるのも配偶者のサポートのおかげ。日頃の感謝の気持ちを込めて1日配偶者に尽くす日。配偶者がいない方は、その他の家族、あるいは自身のため取得可能。
映画鑑賞サポート	映画館での映画鑑賞1本につき1000円＋パンフレット代を支給。	日本文化および外国文化への理解を深め、見識を広めるため。また、社内で様々な映画の情報を共有できるよう1作品1名に限って補助。
シエスタタイム	所定の休憩時間以外に、20分を限度として自席や休憩室で仮眠ができる	睡魔と闘いながら仕事をしても非効率。
みなとぴっく福利厚生倶楽部	余暇施設、宿泊施設、レジャー施設の割引制度	港区で働く人のための福利厚生サービス。
資格取得一時金	業務に活かせる資格取得に奨励金支給。	高い目標に向かって勉強する姿勢を育むため。また、実務に役立つ資格を評価するため
在宅勤務制度	（主に制作部） ・所属長の承認を得た者 ・勤続年数2年以上 その他条件あり ※詳細は別途在宅勤務規定を参照のこと。	ダイバーシティの一環として。通勤時間をなくし、効率的で柔軟な勤務環境をつくることが可能。子育て、介護等様々な生活環境の変化でも活用

生part 2 of 3

目的
業務の都合上、定時で退社できないことが多いが、残業削減施策の一環。
複数のファイルを開く際に効率化が図れる
ワークライフバランスの推進の一環で社員のみなさんをストレスから守る通達を出しています。社員がクライアントと連絡が取れる状態にずっと置かれていることと、精神的な疾患を抱えることは因果関係があると言われています
長年勤務してくださっている社員に感謝の気持ちを込めて
参加自由の資産形成制度。給料の一部を掛け金（3,000円～55,000円/月）に、将来の資産形成が可能。全額所得控除で所得税・住民税・雇用保険料が免除され、社会保険料の負担も下がる場合があり。お金を貯めながら手取りが増える。運用益は非課税扱い、受け取る際（60歳時）も税控除があり、銀行預金・証券会社での運用（源泉分離課税20%）よりも優位に老後の資産形成ができる。制度の利用手数料を会社が負担する。

厚生part 3 of 3

目的
無駄スムーズに業務に取り組めるように様々な角度で研修を行っている
家族がどういった職場で勤務しているのかを理解してもらい、より一層会社への理解をいただく
社内研修、スタッフ同士の交流、チームビルディングの一環として2006年から導入
誕生日を迎えられるのは幸せなこと。みんなで祝福するとともに、会社からお祝いの気持ちを込めて
ちょっとした息抜きや、お腹が空いたときのために
メンタルヘルスマネジメント

「社会貢献」が経営方針であるとともに、社員への福利厚生も充実させている

人もいます（笑）。

たまにガツガツとやりたい方が入ってきますが、やっぱり合わないからと辞めていきます。それはしかたないことだと思うんです。合う、合わないはどうしてもあるものですから。

結局、**社風や経営方針に合った社員が残って、それらによりいっそう「合う会社」になっていく**のだと思います。

「障害者雇用」を受け入れたのは、八年前

「翻訳業だからお願いできる仕事がない」と思っていた

私は、中小企業家同友会という経営者団体に加入しています。主に経営の勉強をする会ですが、そこで出会った経営者仲間には、障害者雇用に取り組んでいる人がたくさんいました。そこで、実際に障害者福祉事業を運営している仲間からいろいろな話を聞いて、私も障害者雇用に関心は持つようになりました。

ただ、うちは小さな会社だし、ましてや翻訳会社です。例えば、製造業であれば、障害があってもやってもらえるような軽作業などがあるかもしれないけれど、翻訳会社には障害のある人もできるような業務を用意するのは難しいと思いこんでいたのです。それで、同友会で経営者仲間から「山下さん、障害者雇用に興味あるでしょ」と水を向けられても、「いや、うちの会社だとちょっと無理だと思うんですよね」と流してしまっていました。

ところがあるとき、その経営者仲間から「いい人がいますよ」とNさんを紹介されたのです。

Nさんは、大学在学中に精神疾患を発症された方で、当社に来る前は就労継続支援A型事業所でメール便の仕分けや清掃などをされていました。

Nさんの話をいただいたときには、正直「社内で障害者を受け入れる体制も整っていないし、どうしよう」と思いました。社員たちも、「私たちに務まるでしょうか」「どう対応すればいいですか」と、少なからずとまどいがありました。

しかし、途上国の子どもたちへの支援などを継続的におこなってきた会社です。そのように、**社会福祉を当たり前だと考えている社風だからか、とまどいはあっても、障害のある人と一緒に働くことを嫌がる人はいませんでした。**

私も含め、どのように受け入れればよいかを話し合い、「そんなに身構えることはないのかも」「普段どおりでいいよね」ということで決着し、来ていただくことになったのです。

障害があってもなくても、同じ「新入社員」

しかし、最初からうまくいったわけではありません。Nさんは当社で働くことが決まり、意気込んでいました。その様子を見て、社員たちも「何かやってもらわなきゃ」と気負ってしまったのでしょう。

でも、Nさんが何をどのくらいできるのか、Nさんの疾患がどういう症状で、どのような配慮をすればよいのか、私たちはあまりよくわかっていませんでした。そのため、それぞれの社員がNさんにバラバラと仕事をお願いすることになってしまいました。Nさんからしたら、多くの社員からさまざまな仕事を依頼されたため、いっぱいいっぱいになってしまったのです。入社して間もない頃だったこともあり、一気に負荷がかかりすぎたのでしょう。

それで、入社からわずか一週間で「辞めます」と言いだしました。私は、「辞めるって言うのを、いったん止めよう」と提案して、それからお互いによい仕事の進め方を模索し始めたのです。

まず、社員の一人が東京都の障害者雇用のサポートリーダー講習会に出席して、その内容を他の社員と共有しました。Nさんも、自身の疾患のことや自分の状態、苦手なこと、得意なことなどを、「自分のトリセツ（取扱説明書）」のようにまとめ、みんなの前で説明してくれました。Nさんの特性上、仕事の指示など一気にさまざまなことを言われると混乱してしまうことがあるので、「一つずつお願いします」といった要望なども正直に伝えてもらいました。

いろいろな情報を共有して、いろいろな方法を試して、**結局みんなで感じたことは「そうか、新入社員と同じなんだな」ということでした。**

例えば新卒の社員だって、一度にいろいろなことを教えられたら混乱したりパンクしてしまったりして当然ですよね。一つずつ教えて、覚えたら次に進んで、というように段階を踏んで徐々にできることが増えるように指導するじゃないですか。

障害の有無は関係ないんです。今も健常者の新入社員がいますけど、みんなとても丁寧に教えています。

一つひとつ、少しずつ、できることを増やす

初めて取り組む業務については、まず社員がお手本を見せます。次に、Nさんに同じようにやってもらい、わからないことがあったら質問してもらって、不安がないようにします。問題がないようなら、その次からはNさん一人に任せます。**障害者だからと特別扱いはしませんでした。**

Nさんができるようになった業務については信頼して任せているのだから、わざわざチェックすることもありません。業務によっては、できるまで少し厳しく指導する部分もあったでしょう。その一方で、**Nさんが困っているときには積極的に声をかけて手を貸します。でもそれはNさんに限ったことではなく、働く仲間であれば当たり前のことです**よね。

一年ほど経ったある日の朝礼で、Nさんの直属上司から「Nさんが戦力になっている」と報告

がありました。

Nさん自身も、「覚えたこと」「できること」が増えて、自信がついてきたのでしょう。会社に貢献できているという実感が生まれていたときに、客観的な評価も得られたと、とても喜んでいました。**「よし、この会社で絶対に働き続けてやろう！」**という思いが強くなったようです。

入社一週間で「辞めます」と落ち込んでいた人が、「よし、続けるぞ！」と前向きで強い気持ちを持ってくれたことが嬉しいですね。

最初は週に数日、数時間ずつで様子を見ていた就業時間ですが、今では「週五日×六時間」と、しっかり働いてくれています。

なくてはならない戦力の一人に

現在Nさんが担当しているのは、**バックオフィス業務を中心としたさまざまな仕事で、二十種類くらい**はあるでしょうか。その中の一つが、メールの仕分けと送信です。

当社では翻訳者養成講座を開講しており、受講の状況に応じたリマインダーメールを送っています。Nさんは時間管理や状況把握が優れていて、受講者によって異なるリマインダーメールの送信タイミングを忘れることがありません。また、受講者データの重複チェックのような細かい

勤続八年。今では欠かせない戦力に

仕事も得意です。

もちろん、どちらもデータ管理自体はパソコンでおこなっているのですが、Nさんはパソコンで確認する前に覚えていたり気づいたりしているのだそうです。結果的に、管理ツールとNさんのダブルチェックができていることになります。そのため、**これまでに一度もミスや漏れが生じていません**。

また、Nさんは社内の様子もよく見ているので、備品管理も任されています。なくなりそうだというタイミングで、忘れずに発注してくれるのです。先日も、「紙が値上げされるので、その前に購入しておきました」と日報に書いてあって、頼もしく感じました。

さらに、日常業務以外にも、官公庁や役所に書類を提出するといった外出業務もNさんがおこなっています。初回だけは他の社員が同行して説明をしますが、次からはNさん一人に任せても大丈夫。提出締め切りを忘れてしまうこともありません。

重要だけれど明確な期日が設けられていない仕事や、**年に一度書類を提出しに行く業務**など、**つい後回しにしたり忘れてしまったりする仕事**ってありますよね。でもNさんは**しっかり管理して忘れずに遂行してくれる**のでとても助かっています。

今回の「もにす認定」の申請手続きも、総務担当者と一緒に必要書類を集めたり、厚生労働省の窓口に提出しに行ったりと尽力してくれました。

できることに注力してもらう

他の社員の手が空いていないときや、ちょっと面倒なイレギュラー業務が生じたとき、Nさんは得意な分野の仕事だと「ぼくができます」と立候補してくれます。逆に、苦手な分野のことは「それは、できません」とはっきり伝えてくれるので、安心して打診できます。

最初の頃はNさんも、「ちゃんとやらなくては」と無理をしていたと思うんです。

それまでは就労継続支援A型事業所にいて、一般企業への就職が初めてだったから、社会的なマナーやルールを覚えるためにたくさんのビジネス本を買ったとも聞きました。それでがんばりすぎてしまったのでしょう。でも次第に、Nさん自身が「今パニックです」と自己申告したり、

障害の特性を日報に書いてくれたりするようになって、こちらも仕事量の調整や伝え方の工夫がしやすくなりました。

「**理想のことをやるんじゃなくて、無理なくできることをやろう。**障害の特性上できないことは、もうどうがんばったってできないんだからしかたない。それよりも、自分ができることを一生懸命やって、その姿で判断してもらおう」と、気持ちを切り替えてくれたのだと思います。

最初の数カ月で判断せず、じっくりつきあってよかったと思いました。一週間で辞めると言っていた彼が、今や、いなくては困る存在ですから。

健常者でも、どうしても苦手な分野はあるものです。無理して苦手なことをさせるより、得意分野を任せたほうが業務効率も上がるでしょう。実際、Nさんは、一度覚えた自分の得意分野業務では全くミスをしません。健常者か障害者かで区別することに、どんな意味があるのだろうと考えることも多いです。

真摯に取り組んでいるから成立する「嘘も方便」

Nさんは、かかってきた電話を受けることが苦手です。しかし、メールの送信を担当しているNさん宛てに、問い合わせの電話がかかってくることも少なくはありません。そんなときは、電話を受けたほかの社員が「Nは在宅勤務なので、折り返しおかけします」などと対応しています。

これは、私がそう指示したわけではなく、現場の社員たちが自主的に始めたことだそうです。送信メールの署名欄に「在宅勤務のため、電話応対はいたしかねます」との一文を入れるアドバイスもしてくれたのだとか。それでもNさん宛てに電話がかかってくることはあります。本来は、対応すべき業務でしょう。

でも、メール送信はきちんとやっている、こちらからかけた場合は適切に電話応対ができる。それならば、Nさんが**苦手な受電をしなくとも仕事ができるように、周りが協力しようということ**になったようです。Nさんを仕事仲間として認めているからこその発想だと思います。

もちろん、電話はすぐに折り返して、問い合わせに対応することが大前提です。その点は、Nさんもほかの社員たちもわきまえています。

ならば、これは「嘘」ですが、立派な「方便」なのではないでしょうか。

業務中だけでなく、休憩時間も楽しく

当社は、社員の半数が女性です。**女性が多い職場というと、派閥やグループができそうなイメージがありますが、そういうものは一切ない**んです。誰かと誰かがいつも一緒にいるということも

ありません。

例えばお昼休みでは、手が空いた人から休憩室でお昼を食べ始めます。そこに、別の手が空いた人が次々と加わって、食べ終わったら抜けて、また入れ替わって……という感じで、誰と一緒になっても楽しそうです。もちろん、Nさんもそこに加わって、当たり前に食事をして、雑談をして、よく笑っています。ほんとうに普通というか、仲間として過ごしているんです。Nさんは野球が好きなのですが、野球好きの社員たちと一緒に観戦に行ったと報告してくれたこともありました。

社員旅行も、もちろん一緒に行きます。ある年の社員旅行では、宿泊先がキャンプ場で各部屋にはベッドが一つしかありませんでした。キャンプですから、雑魚寝も醍醐味の一つでしょう。

Nさんの部屋では、「ベッドに寝る人をじゃんけんで決めよう」ということになったそうです。Nさんは残念ながら負けてしまったのですが、同室の全員が「じゃんけんは負けちゃったけど、Nさんが寝ていいよ」と言って譲ってくれたのだそうです。実は、Nさんは睡眠をしっかりとらないと調子が悪くなってしまうんです。社員旅行の最中は言い出せなかったようですが、**以前の日報に書いていたため、それを覚えていた同室の社員たちが配慮してくれた**のでしょう。全員が年上、社歴も上の男性社員ばかりでしたが、「快く譲ってくださったんです！」とのことでした。

Nさんはぐっすり眠ることができて体調が悪くなることもなく、楽しさも優しさも十分に感じることができたと、とても感動していました。

これは、**障害者に対する特別扱いというより、体調が悪い仲間に対する思いやり**ではないでしょうか。社員たちのそういった態度を見て、「愛ある経営」と言い続けてきた甲斐があったのかなと感じています。

社会貢献が、社員や家族の誇りにつながる

私は、**社員が誇りを持てるような会社にしたい**んです。もちろん、お金もないと困るのですが、それとは別に、**毎日生きているなかでの「楽しさ」や「人間としての誇り」も大切**だと思っています。うちは小さな会社で、お給料もそんなには高くないけれど、何か社員が自慢できるようなポイントがあったらいいなと思いながら経営しています。社会貢献も、おこなう理由の一つは社員が誇りを持ってほしいからです。

そう考えてやってきた会社で、二〇二二年八月三日に「**もにす認定**」**を取得できたことは、ほんとうによかったと思います**。認定の申請に必要な書類はそろえましたが、普段と違うことは何

「愛ある経営」を掲げるワイズ・インフィニティ山下奈々子代表。2022年には「日本でいちばん大切にしたい会社」大賞で審査委員会特別賞を受賞

もやっていません。**ありのまま、そのままの姿で申請しました。**だから、点数はギリギリでした。

その少し前、三月十八日には、**第十二回「日本でいちばん大切にしたい会社」大賞で審査委員会特別賞をいただきました。**

そうやって客観的に評価していただけるのは、ほんとうにありがたいことです。

名も知られていない小さな会社ですが、「うちの会社って、こんな取り組みをしているんだよ」「こんな賞をとったんだよ」と、**社員たちが親御さんや兄弟親戚に自慢できる会社になっていたら嬉しく思います。**

ただし、今は、社員たちもまだあまり実感を得ていないようです。社会福祉も障害者雇用も「当たり前」「いつもどおり」と受け入れてくれた社員たちなので、そのことで認められたり賞をいただいたりしてもピンとこないのでしょう。誇らしくもありますが、もどかしくも感じますね。

それが、今回のように取材されて本になると、わかりやすいじゃないですか。「へぇ、すごいことなんだ」と、まずは当社の社員が気づくといいなと思っています。

2022年度には東京都の「心のバリアフリー」サポート企業として登録された

障害者雇用から八年、メンバーそれぞれが描く未来像

ファミリーデイにはせる目下の夢

Nさんが勤め始めてから、もう八年になります。プライベートの話になりますが、彼は数年前に結婚しました。お相手は健常者の方なので、先方にご挨拶に行く際は思った以上に緊張したとのことです。しかし、「ちゃんとした会社で、正社員として働いているんだ。どうだ！という気持ちで名刺を出しました」とNさんから聞いて、とても嬉しい気持ちになりました。

今はお子さんも生まれて、Nさんはパパになりました。もうすぐ一歳になるお子さんが大きくなるまで、「しっかりと働き続けるぞ！」と、決意を新たにはりきっています。

当社には、家族を連れてきて会社の雰囲気などを知っていただく「ファミリーデイ」というイベントがあるのです。以前開催したファミリーデイには、Nさんのご両親やご兄弟が参加されて、

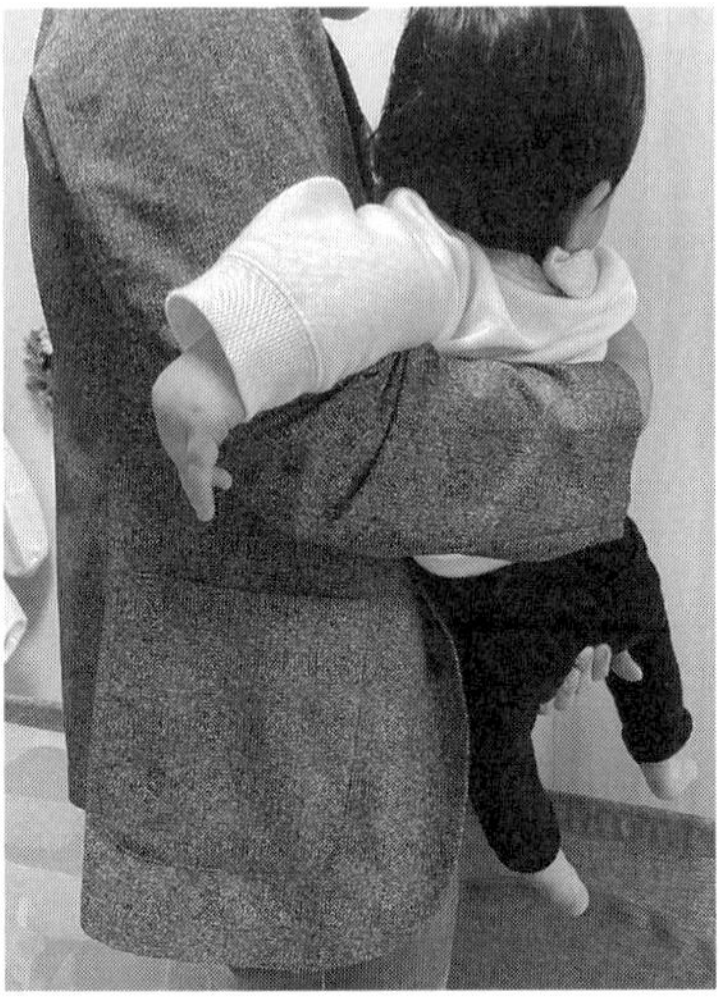

一児のパパとなったNさんの次の目標は親子での「ファミリーデイ」参加

とても喜んでくださいました。次の**ファミリーデイにはお子さんを連れてきて、パパが働く姿を見せたい**というのが、Nさんの目下の夢となったようです。

社会における障害者雇用は、まだ解決すべき課題を抱えています。中小企業家同友会の経営者仲間からも、障害者雇用は一年単位のパートや契約社員としての採用がほとんどで、「来年も同じところで働けるのか」という不安を抱える人が多いと聞いていました。

Nさんは正社員雇用ですから、契約期間はありません。**無期雇用なので「来年の不安」を考えることなく、交際や結婚、子どもを持つということに踏み切れた**のではないでしょうか。**今は、Nさんに安心を与えることができたことを幸せに思います。**

社員たちに教わった「やろうと思えばなんでもできる」

最後に、私のことになりますが、自分としてはあと二年ほどで社長を引退する予定です。

フリーの頃からずっと働き続けてきて、もうすぐ六十三歳になります。二年後には六十五歳、会社も二十五周年でちょうどキリもいいかな、と考えました。すでに社員たちには「私が引退したら会社を頼むね」と伝えてあるんです。

当社には、与論島が大好きな社員がいます。ふた月に一度は有給休暇をとって与論島に旅行していたほどで、とうとう「移住したい」と言いだしました。本人は退職覚悟で相談してきたらしいのですが、今はテレワーク環境も整っているし、「できるなら、チャレンジしてみれば」と言ったんです。コロナ禍で出発が遅れるトラブルはありましたが、その後予定どおり与論島に移住してテレワーク勤務を始め、もう三年近くになります。今は島の方と結婚したので、ずっと与論島にいることになるのでしょう。

私も引退したら東南アジアあたりに移住して、ボランティアをして暮らそうと思っています。福祉の仕事も続けたいですね。今はまだ、具体的には何も考えていませんけど、やろうと思えばなんでもできるんだなと、社員たちの働きぶりを見ているとそう思えるんです。

働きたい人が働きやすい環境を

有限会社奥進システム

代表取締役　奥脇 学氏

2000年に起業。Webシステム開発が専門で、役員２名社員９名のうち役員１名社員８名が障害者。働きやすい職場づくりを目指している。

有限会社奥進システムを
動画で紹介しています

会社名	有限会社奥進システム
代表者	代表取締役　奥脇 学
創　業	二〇〇〇年二月二日
所在地	大阪府大阪市中央区鎗屋町2―2―4　イチクラビル4F
事業内容	中小企業向け業務管理システムの受託開発
資本金	四百万円
従業員数	九名
障害者雇用人数	役員一名、従業員八名
もにす認定取得年月日	二〇二一年三月十五日
ウェブサイト	https://www.okushin.co.jp/

働きたい人が働きやすい職場とは

障害者実雇用率一〇〇パーセント超の奥進システム

奥進システムは、中小企業向けの業務管理システムを受託開発している会社です。顧客企業それぞれの悩みを聞いて、解決するためのシステムを開発しています。総員十一名のうち**役員一名、社員八名が障害者**です。障害者実雇用率に換算すると、一〇〇パーセントを超えます。

ありがたいことに、経済産業省が取り組んでいた「ダイバーシティ経営企業一〇〇選」（二〇一五年）に選ばれたり、「大阪府障がい者雇用貢献企業（ハートフル企業）顕彰」でハートフル企業大賞を受賞（二〇一八年）したりと、障害者雇用に関する取り組みを表彰される機会が増えました。また、私自身も障害者雇用に関わる法人や団体に名を連ねることが多くなっています。

しかし、**創業当初は、特に障害者雇用に力を入れようと思っていたわけではありません。**創業時に目指していたもの、それは「**時間と場所に縛られない、働きやすい職場づくり**」です。

起業のきっかけは、二つの疑問

起業前、私はソフトウェア開発会社に十五年ほど勤めていました。残業や単身赴任の多い職場でした。在職中に結婚し子どもも生まれましたが、単身赴任で家族とはなかなか会えません。家族のために働いているのに、その家族と離ればなれの生活が続いていました。

「なぜ、仕事をするのは、『この場所』ではなくてはいけないのか」

それが、一つめの疑問でした。

もう一つの疑問は、女性の働き方についてです。

当時、**何組もの社内結婚があり、何人もの女性社員が退職**していきました。結婚後すぐに退職しなくても、妊娠や出産を機に辞めていきます。家事や育児を担いながら、毎日定時に出社してフルタイムで働くことが難しいからでしょう。

業務上、仕事における性差はなく、退職した女性のなかに優秀なシステムエンジニアが何人もいました。会社にとって、専門技術を持った彼女たちの退職は痛手です。社会にとっても、**経験を積んだ優秀な人材から仕事を取り上げることは、大きな損失なのではないか**と思っていました。

時間や場所に縛られない働き方の実現

二〇〇〇年二月、約十五年勤めた会社を辞めて、自宅で有限会社奥進システムを創業しました。**自宅を会社にすれば、家族と暮らしながら仕事をすることができます。もう、仕事のために家族と離れる必要はありません。**

社員を増やすときも、「完全在宅」での雇用を考えていました。インターネットを使ってそれぞれ自宅で仕事をするSOHOスタイルなら、時間や場所に縛られずに働くことができるでしょう。そうすれば、**働く能力や意欲があるのに、毎日の出社が難しくて働く力を発揮できない人たちと、一緒に働ける**と思ったのです。

そこで、ともに働く仲間を求めて、シングルマザー向けの職業訓練施設や障害者の就労支援施設など、いろいろな場所を回りました。

二十年前、**リモートワーク**や**ダイバーシティ雇用**といった言葉も聞いたことがないような時代です。「家から出なくても働けるんです」と就労支援機関にアプローチする会社は、珍しかったのでしょう。施設の方々の記憶にも残りやすかったようです。

あるとき、以前訪問した障害者の就労訓練施設から連絡がありました。

「働きたいのに重度の身体障害でなかなか外に出られない人がいるのですが、実習を受け入れてもらえませんか」

さっそく、その人と会って、どのような障害があるのか、何ができて何ができないのか、どうすればどのような仕事ができるのかを話し合いました。

この出会いが、当社にとっての障害者雇用の始まりです。**このときに入社した彼は、今でも奥進システムの一員として働いてくれています。**

実習の受け入れというご縁を、働く機会につなげる

障害のある方の見学や実習の受け入れは、現在も続けています。そのご縁から当社に入社する人も増えて、気がつけばこのような人員構成になりました。

車椅子を利用する**重度身体障害が二名、重度の内部障害が一名、精神障害が三名、発達障害が三名。**それぞれシステム開発や営業、事務などを担当しています。長く働いてくれている人が多く、**平均勤続年数は十年を超えました。**

「働く能力と意欲があるのに、それぞれの事情で家から出られず働く機会を得られない人たちと働きたい」という思いに変わりはなく、障害者雇用だけに特化しているつもりはありません。実際に、シングルマザーや外国からの研修生など、さまざまな事情を持つ人と一緒に仕事をしています。

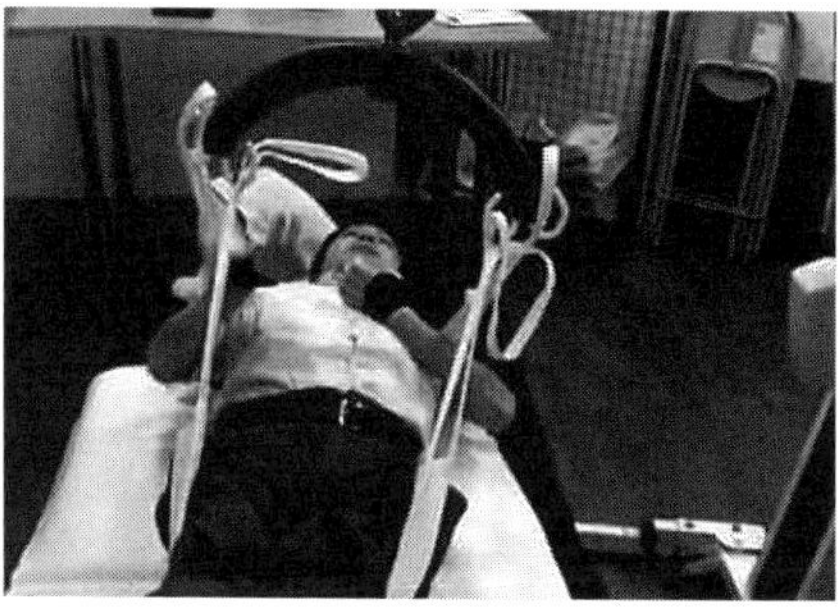
オフィスの一室は社員がいつでも利用できる休憩スペースに

ハードとソフト、両面から働きやすい環境づくり

創業当初は完全在宅でオフィスは持たない予定でしたが、社員たちから「リアルな現場があることで解決しやすい課題もある」という要望があったため、事務所を構えることになりました。

車椅子でも問題なく動けるように完全にバリアフリーとして、机の高さや照明スイッチ、扉なども使いやすいよう工夫しています。また、体調が思わしくないときには横になれるように、**ベッドと介護リフト**も用意しました。

正社員の勤務形態は、週に「四十時間」「三十五時間」「三十時間」の三種類を用意し、月単位で選択できるようにしています。一日あたりの勤務時間過不足を月単位で調整する「変形労働時間制度」や、有給休暇のうち最大四十時間分を一時間単位で取得できる「時間有休制度」の導入で、通院や子どもの送り迎え、家庭の用事などにも臨機応変な対応が可能です。

コロナ禍は全員が常時在宅勤務でしたが、平時はそれぞれの体調や技能、業務、その他条件に合わせて利用申請をすることになっています。**週に一回通勤という社員もいれば、週に二回が在宅勤務の社員、在宅なしで毎日通勤する社員などさまざま**です。

在宅でも会社と同じ環境を確保

もともと「場所を問わずに働けること」を前提としていたため、社外でも安全かつスムーズに作業できる環境は整っています。在宅勤務時は、暗号化されたネットワークを使って自宅から会社のパソコンを操作するんです。会社と同じ開発環境を自宅でも利用できるうえ、プライベートパソコンに仕事上の情報を保存することもありません。

常に全員が会社にいるわけではないので、情報の共有化は意識的におこなっています。

部署ごとプロジェクトごとの作業進捗を関係者の誰もが把握できるように、社内掲示板や共有スケジューラーを活用し、**進捗状況管理システムも自社で開発**しました。

また、一日の始まりには在宅勤務者も含めた全員での朝礼を実施し、終業時には全員が作業日報を作成するなど、情報が滞らないような工夫もしています。

「SPIS」の活用で状態変化を把握

就労定着支援システム「SPIS（Supporting people to Improve Stability）」は、**ウェブ上で作成や管理ができる業務日報システム**です。業務時間や作業内容を記録する従来の日報システムと異なる点は、体調やメンタルの状況も記録できることです。

身体障害者とは異なり、精神障害者の場合は実際の体調や必要な配慮などが外からわかりにくく、また自分でも把握しきれないことがあります。そこで、**当社の精神障害のある社員が、自身の経験を踏まえて体調変化やメンタル状況を可視化できるツールを開発**しました。

睡眠時間や体調、そのときに感じたことや服薬状況などを記録し、グラフ化することで、客観的な管理がおこなえます。

当社でも、精神障害のある社員と発達障害のある社員が通常の業務日報とは別に利用しています。義務ではないので、本人が希望しない場合は使いません。**精神面で不安がある人や、家庭の事情なども知っておいてもらいたいと思う人は、安心材料として使っています。**

精神障害のある人は、自分の状況を客観視するのにも限界があるでしょう。SPISによって**可視化された情報や第三者の視点にふれることで、意識的に対処できるという声もあがっています。**「少し落ち着こう」「頓服を飲もう」などと気づき、少しでも楽になるのなら嬉しいですね。

ダイバーシティ雇用の仲間たち

障害者就労実習をきっかけに入社した、システムエンジニアGさん

入社四年目になるGさんは、SPISを利用している社員の一人です。現在は、週に三日を在宅勤務、二日を出社という形態で働いています。

Gさんは前職もソフトウェア開発会社でシステムエンジニアをしていました。ハードなスケジューリングや上司のハラスメントなどでうつ病になり、今も治療を続けています。

Gさんは、**就労支援施設から受け入れた実習生の一人**です。数日間の実習が終わったタイミングで、「うちに興味はあるか」と声をかけたのが入社のきっかけでした。「**実習で終わるのかと思っていたところに、企業から声をかけてもらえた！**」と、とても喜んでくれたのを覚えています。

SPIーSと対面コミュニケーションで多角的にフォロー

意気揚々と入社したGさんですが、最初のうちはしんどい思いもさせてしまいました。

障害の特性上、どうしても気分が落ちてしまうことがあるのですが、特に冬は症状が出やすいのだそうです。しんどいときはパフォーマンスも落ちやすく、そのことが気になってつらさが増すという、負のスパイラルにはまってしまいます。

精神障害は目で見てもわからないことが多く、本人からの訴えがないとなかなか把握できません。率直に伝えてほしいと言っていたのですが、入社当初はそのあたりのコミュニケーションがうまくいきませんでした。

SPIーSでは、あらかじめ決めておいた評価項目について自分で採点をする機能があるため、作業効率や気分の揺らぎを客観的に捉えることができます。

また、当社では、**当人と社長である私にしか閲覧権限を付与していません。周囲の目を気にせずに、気になることや困っていることを伝えることができるというわけです。**

適宜、**面談もおこなううちに、少しずつ不安を払拭できたのでしょう。**次第に、つらいときにはつらいと言ってくれるようになりました。自分の状態を客観的に捉えることで早めの休養や投薬を意識するようになり、無理のない働き方ができるようになって、ホッとしています。

自己管理力が上がったことで自信がついたのか、Gさんは仕事に対して意欲的に取り組んでくれています。**「できること」が着実に増えている実感がある**ようで、さらなるステップアップを目指し奮闘中です。

週三回の人工透析を受けながら子育てをするSさん

事務を任せているSさんは、人工透析が必要な重度の内部障害者です。

出会ったときは、当社ともご縁のある別の会社に勤めていました。重い腎不全と闘いながら、ひとりで子育てをしていたんです。**会社都合で転職先を探しているというので、「うちにおいで」と声をかけました。**

一回の透析にかかる時間はおよそ四～五時間、それを週に三度もおこなっているのですから、Sさんの生活はどうしても透析を中心に動くことになります。

まずは、「週に三十時間」という勤務形態からのスタートでした。自宅近くの病院に通っていたため、透析日はお昼になると仕事を終わらせて大急ぎで帰っていました。

出勤と在宅勤務を組み合わせ、フルタイムで事務全般を担うＳさん

そのうち、会社の近くで遅くまで透析をおこなっているところを見つけてきたのです。それからは、夕方五時半に会社を出れば間に合うようになりました。とはいえ、そこから透析を受けるわけですから、家に帰る時間は十一時頃になるんです。

それでも、翌日朝から出社して仕事をしています。**勤務時間も、週三十時間から三十五時間と徐々に増やしていき、今ではフルタイムで働けるようになりました。**

慣習にとらわれず、常に新しい工夫を

Ｓさんは、会社の事務全般を担っています。現場で対応する業務があるため、基本的に出社していました。

しかし、コロナ禍でいったん全員が在宅勤務になった際に、それらの課題についての対策を講じたのです。例えば、ＩＰ電話環境を整えて自宅でも会社宛ての電話を受信し、他の社員につなげるようにしました。**そういった一つひとつを工夫することで、在宅勤務でも事務が回るように**

改善しました。

在宅勤務ならば、通勤で体力を削られることもありません。また、他の社員から呼ばれることで自分の作業を中断することもなくなり、作業効率が上がりました。今は、週に二日出社する以外は在宅で働いています。

Ｓさんが**入社して十三年**が経ちました。当時中学生だったお子さんも、もうすっかり大人になり独立しています。

実は先頃、**腎移植が成功し、十五年以上続いた透析生活を終わらせることができました。**移植直後には免疫低下など不安定な時期があり、早めに退勤したり休みを取ったりしていましたが、透析をしていた頃と比べるとだいぶ楽になったようです。

いつどんなタイミングで新しいことが始まるかわからないと思うと同時に、**がんばっている人はちゃんと報われる**のだなあと嬉しく思っています。

よりよい環境づくりは、社員たちが一緒だからできること

用意できるのは環境まで。活かしているのは社員たち

働きやすい職場環境をつくりたいと思って創業していますから、当社の社員たちにとってよりよい環境をつくるための工夫は惜しみません。

でも、私が用意できるのは環境まで。あとは、本人たちがとてもがんばっているのです。

当社の社員は、全員がなんらかの障害を抱えています。つまり、**それぞれに苦手なことやできないこと**があるということです。例えば車椅子の社員には、手が届かない場所の物を取ることはできません。誰かに取ってもらわなければなりませんが、手を貸すほうも、ちょうど気持ちがしんどいときかもしれないし、体調がつらいかもしれない。

それを円滑に進めるためには、**日頃から互いにコミュニケーションを取っておく必要がある**でしょう。「最初はいちいち頼まれることが嫌だったけど、打ち解け合ったら自分から手を貸そうと思うようになった」と教えてくれた社員もいます。

私は会社の外に出ていることが多いですから、**社員たちが互いの関係性を高めるために考えて自主的に行動している**ということでしょう。

仕事面はもちろんですが、こちらで用意できない部分の環境が良好なのは、ほんとうに社員たちそれぞれのがんばりの証だと思っています。

話を聞くことで対処できることがある

Sさんは、**「話しやすい」のが当社のよいところ**だと言ってくれています。つらいとき、しんどいときに、伝えやすいことで無理せずに働ける環境を実現できているのなら嬉しい限りです。

逆を言えば、私には話を聞くことしかできません。それぞれの障害や病状はどのような状態なのか、**どうなるとつらいのか、どうすれば仕事がしやすいのか、聞き出すしかない**んです。

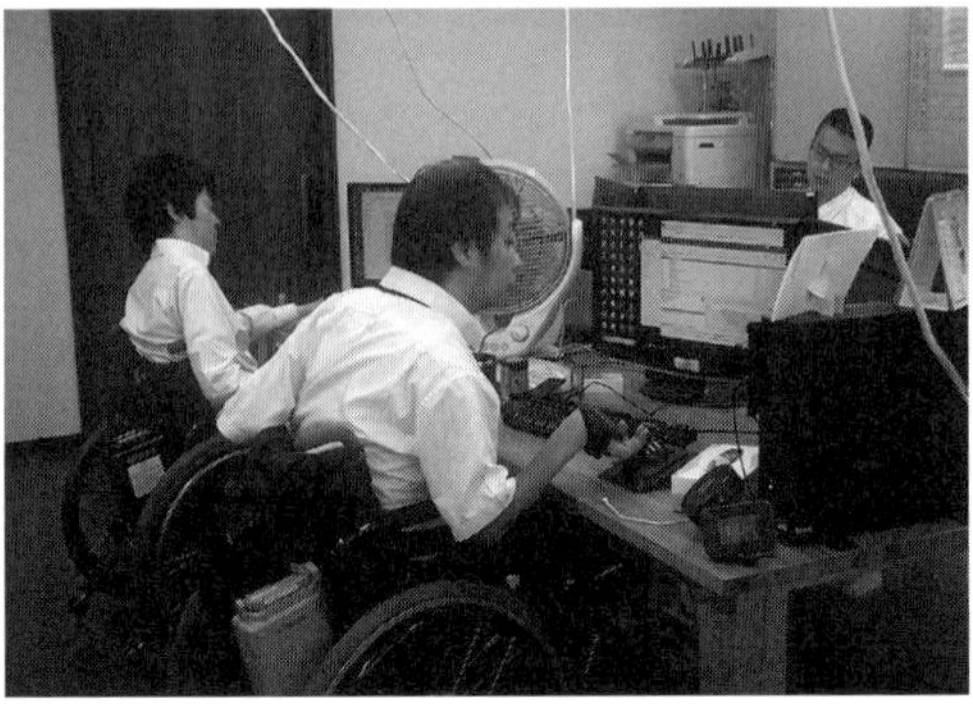

バリアフリー環境が整う社内は、車椅子の社員も働きやすい

普通なら、どこまで聞いていいのか迷うこともあるでしょう。しかし、会社のトップとして把握するためだと割り切って、突っ込んだ話も聞いています。

「私の聞き方や対応が嫌だと感じたら変えるので、遠慮なく指摘してほしい」と、社員にはいつも伝えています。でも、逆に「気を遣われるほうが嫌だ」と言われることが多いです。

もちろん、当人が話したくないと思うことは無理に話さなくてもかまいません。話してもいいと思ったときに言ってくれればいいんです。

ただ、一緒に仕事をしていくうえで、**わかっていれば協力できることもあります**。隠されていたり、気づかなかったりして、何かあったときに後悔するのは嫌なんです。

だから、**話を聞くことは、私にとって重要な任務の一つ**だと感じています。

当社にかかわるすべての人が幸せになってほしい

現在の社員たちは、長く勤めてくれている人が多いですが、病状の悪化や専業主夫への転身、ステップアップなどで辞めていった人も少なくはありません。

会社としては、せっかく戦力になった社員が退社してしまうのは痛手です。でも、本人の選択を止めることはできません。もちろん、**当社がいいと思ってくれたなら、ずっといつまでもいてくれたらいい**と思っています。でも、選択は人それぞれですから。

ただ、一度ご縁があった人にはできるだけ幸せでいてほしいというのが、正直な気持ちです。だから、たとえ別の場所にいったとしても元気でがんばっていてくれると嬉しいですね。

書類の多さに、一度は断念した「もにす認定」

ご縁といえば、もにす認定のことを知ったのもご縁によるものでしょう。

しかし、実は、**当社はもにす認定の申請を一度断念**しているんです。

もにす認定制度の発足当初、当時の厚生労働省の障害者雇用対策課長だった小野寺さんから話を聞いて、いったんは興味を持ちました。ところが、**申請書類があまりにも多くて、やる気がな**

くなってしまったのです。申請書類について相談した社員には、「すべてきちんと揃えるためには、二カ月くらいかかります」と言われ、そのまま中断してしまいました。

そうこうしているうちに一年が経過して、再度、小野寺課長に催促されたんです。

そこで、もう一度厚労省の申請要項を確認すると、あることに気づきました。

当社の雇用率や人員構成、職務環境や働き方などをチェックすると、それだけである程度の認定基準を満たしています。試しに自己採点してみると、すでに合格点に達していました。

それなら、外部機関に書類を依頼する項目については、省略してもいいのではないか。

該当項目すべての書類を揃えるためには二カ月くらいかかりそうでしたが、自社で用意できる部分だけの申請ならば、二日で準備が整いました。

労働局のヒアリングで指摘される

書類を提出した後は、労働局の職員がヒアリングに来ます。

申請時に省略した部分についてもよく調べてくれていて「ここも得点になりますよ」「こうすると、ここも申請できますよ」と丁寧に教えてくれました。

労働局のほうで申請書類も作ってきてくれて、**積極的に加点できる部分を探してくれた**という印象です。おかげさまで、かなり高得点が取れたのではないでしょうか。

もにす認定で変わったこと

社内的には、特に変わったことはありませんが、対外的なメリットは感じています。

「企業ブランドの価値が高まる」ということはもちろん、**「当社ではこういう取り組みをしている」ということを、細かく説明しなくてもわかってもらえるという点がメリット**ではないでしょうか。「もにす認定取得」なり「〇〇賞受賞」なり、何をやって評価されたのかが一目瞭然なので、説明せずとも理解してもらえるのはありがたいです。

また、こういった**社会貢献に「積極的に取り組みましょうよ」と発言できる場がつくりやすい**という点もよいですね。

時間や場所に捉われない働き方を
創業当初から続ける奥脇学代表

奥進システムのこれから

顧客にとっては障害の有無は関係ない

新規顧客開拓は、私ともう一人の営業職員がおこなっています。**開発担当は、障害のある社員たちですが、わざわざそれを伝えることはありません。仕事の内容に関係ない**ことですから。

システムが完成した後の商品説明や導入支援などで、お客様と担当者が顔を合わせることもあります。**そのときにはじめて車椅子に乗っていることがわかる**というわけです。精神障害や発達障害の社員の場合は、目の前にいてもわからないでしょう。

お客様の反応は淡泊なものです。車椅子に驚くことはあっても、「こんなに仕事できるんだね」と言っていただける以上の反応はありません。

それも当然です。お客様にとって当社の開発担当者は、要望を受け入れた「使えるシステム」を作ってくれるシステムエンジニアです。**すでに信頼関係が構築されている相手が、障害者であっても健常者であってもなんら影響はない**でしょう。

別の見方をすれば、**当社の技術力が純粋に評価されている証**でもあり、嬉しく思います。

ダイバーシティでつながる縁

また、その一方で、**障害者雇用をきっかけとして深まったご縁**もあります。

障害者雇用をおこなっている中小企業や特例子会社、障害者支援施設などとのネットワークが広がりました。そこから新しいシステム開発のヒントをもらったり、開発依頼を受けたりするようにもなっています。自閉症・発達障害の方に向けたサポートツールや福祉事業所向けの業務管理システムなど、福祉・介護業界向けのシステムを開発する機会にもつながりました。

少しの工夫で社会に出て行きやすくなる人がいるのなら、どんな工夫ができるのか、どうすれば実現できるのかを考え続けていきたいですね。

人生を楽しむための環境づくり

創業時の思いは、「時間と場所に縛られない、働きやすい職場づくり」でした。**働きやすく、家族の時間も大切にできる環境をつくりたいと思っていた**からです。

一人で始めた会社に、さまざまなご縁があって多様な人材が集まりました。それぞれに事情があって、それぞれの価値観を持っています。**価値観に、正解不正解はありません。**

それぞれの価値観、それぞれのやり方を尊重しながら、社員たちと一緒に、よりよい職場環境づくりの試行錯誤を重ねてきました。働く意欲と能力のある誰もが働きやすくなるように、当社でできることにはどんどん挑戦したいと思っています。

これからも、**当社にかかわる人たちが幸せだと思える環境づくり、社会づくりを目指して邁進し続けたい**と思っています。

幸せを実感できる社会を目指す

有限会社ローズリー資源

代表取締役　田中桂子氏

10年間の専業主婦を経て、祖母の死をきっかけに介護の道へ。介護福祉士の資格を活かそうと思っていた矢先、全く畑違いの廃棄物処理やリサイクルの仕事に就くことに。

有限会社ローズリー資源を
動画で紹介しています

会社名	有限会社ローズリー資源
代表者	代表取締役　田中桂子
創　業	一九九六年九月五日
所在地	青森県青森市大字駒込字深沢五―三〇三
事業内容	廃棄物処理業・総合リサイクル業、産業廃棄物収集運搬及び処分、一般廃棄物収集運搬、資源物買取
資本金	一二五〇万円
従業員数	三十六名
障害者雇用人数	二名
もにす認定取得年月日	二〇二三年一月二十三日
ウェブサイト	http://www.rozure.com/

廃棄物リサイクル一〇〇パーセントを目指す！

資源循環をもって新しい価値を創造するローズリー資源

ローズリー資源は、産業廃棄物を収集・運搬し、資源として活用するため素材別に解体、分別などをおこなっている会社です。日常生活や産業活動の結果として生じた廃棄物を、価値ある資源として活用し、循環型社会の構築に貢献したいと考えています。

中国では、廃棄物を「盧《ロ》頭《ズ》」と呼ぶのだそうです。もとは、薬用の植物の根や茎などで薬用にならない部分を指す言葉でしたが、使わなくなったものを広く指す言葉になりました。

この「盧頭（ロズ）」をリサイクルして、「薔薇（ローズ）」のような美しい花を咲かせたい。そんな願いから「ロズ」＋「〃リ〃サイクル」＝「ローズリー資源」と名付け、廃棄物リサイクル率一〇〇パーセントを目指しています。

きっかけは先代が始めた障害者自立支援職場実習室

けんかばかりの父娘だったが、福祉に関する意見だけは一致

ローズリー資源は、一九九六年に先代社長である父が創業した会社です。

私が入社する前から、先代が今で言う施設外就労や施設内でできる仕事づくりをしていました。

本格的に障害者雇用を始めたのは、私が事業を継承することが決まってからです。

それまでの私は、ローズリー資源の社員ではなく、介護の仕事に就いていました。後から知ったことですが、実は、父は「娘が好きそうな福祉の施設を作りたい」と考えて、障害者自立支援職場実習室を作ったそうです。どこの事業所が来てもいいよ、というスタイルでした。

父と私は意見が対立することが多く、普段はけんかばかりしていました。しかし、なぜか**福祉に対する意見だけは見事に一致**するんです。

私が入社してすぐに「実習受け入れだけでなく、障害者雇用も始めたい」と伝えたときも、すぐに快諾してくれました。

こうして、二〇一一年に当社の障害者雇用がスタートしたのです。

当時の社員からは、障害者雇用に対する反発も

父と娘の決断はスムーズでしたが、当時の社員たちの反応は、正直に言ってとても芳しくないものでした。

十二年前は、世の中の動きとしても多様性に目を向けている人は少なく、まだ偏見も多かった時代です。当時の社員たちにとっては、「障害者雇用なんてやっかいなこと」と感じられたのでしょう。「なんのために、障害者を受け入れるんだ」「どうして、自分たちがそんな面倒くさいことをしなきゃいけないんだ」という反発の声が大きかったです。

私は、「仕事ができるのなら会社にとっては戦力であり、障害の有無は関係ない」ということ、「多様な事情を持つ人が、気兼ねなく働ける会社を目指したい」ということを説明しました。

なかには、「社長の意向は理解したが、具体的にどんな対応をすればよいのかわからない」とい

事業承継後、ダイバーシティ雇用を推進する田中代表

う不安をもつ社員もいたので、必要な配慮についても説明しました。

障害者だからといって、必要以上にかばったり手を差し伸べたりする必要はありません。

しかし、これまでに障害者と接したことがなかった人に、「**合理的配慮をしてほしい**」と言っても、漠然としていて伝わらないでしょう。

だから、かなり細かいことも言いました。

例えば、**聴覚障害者に対して遠くから呼んでもわからないから、「近づいて、前に回って、そのうえで筆談をしてね」**といった調子です。

次第に、納得してくれる社員が増える一方で、それでも嫌だと言う社員は会社を辞めていきました。

当時の社員にとっては、自分が働いている会社で突然に障害者雇用が始まるなんて、寝耳に水だったのでしょう。自分が先に入社していたのに、社長が代わったら会社の方針まで変わってしまった、と思ったのかもしれませんが、方針はまったく変わっていないのです。その思いも含め、伝えるにはずいぶん時間がかかりました。

今は、**「障害者雇用をおこなっている会社」として求人情報を出しています。**だから、それに納得できない人は応募してきません。私が新しい挑戦を始めると、「社長また何かやってるな、困ったな」と思う社員や、びっくりする社員、そして見守ってくれる社員と、さまざまではありました。

そんな社員たちがいるからこそ、これからも積極的にダイバーシティ雇用に取り組み続けていこうと思っています。

ローズリー資源で働く多彩な社員たち

身体障害のあるTさん

二〇一一年に入社したTさんは、指先欠損のある身体障害者です。入社のきっかけはハローワークの合同面接会で、当時は父と私の二人で面接をおこないました。

Tさんは、体を動かす仕事がしたいということで、当社の求人に興味をもってくれたそうです。それまでは事務作業が多かったようで、体を動かして資源を運搬したり分別したりする当社での仕事は楽しいと言ってくれています。

Tさんは現在、部長として部下の育成も担い、**当社にとって欠かせない戦力の一人**です。

私の感覚ですが、障害のある方は自己肯定感が低い方が多いように思います。Tさんも、最初はそうでした。主任から部長への昇進を、という話をしたときには、「そういう人間じゃないから、ちょっと考えさせてほしい」と、とまどっていました。

だから、私はそんなTさんに対して質問しながら話をゆっくり聞き、「できるじゃん！　すごいじゃない！」とずっと**「応援」する言葉をかけ続けています。**その甲斐あってか、統括部長に昇進する際には「がんばります」と、すんなり受けてくれました。前向きになってくれていることが嬉しかったです。

勤務歴は十年を超え、若手社員の指導も担当しているTさん（中央）

もう一つ、嬉しかったことがあります。

Tさんが、家を買ったんです！

入社当時から既婚者でしたが、当社に来てから計画的に資金を貯めて頭金を作り、ローンを組んでマイホームを購入したとのことでした。そのことを聞いたときは、家という最も大きな買い物をするタイミングが当社在職中であったことに感動しました。

Tさんは、「仕事ができれば勝ち。健常者に負けてたまるか」という根性の持ち主です。ほんとうにそのとおりで、**障害があっても仕事ができれば正社員になれるし、**

役職にも就ける。長期的な視点からライフプランを立てローン審査に通ることもできるんです。

Tさんには、これからも部長としてともに当社を盛り立てていってほしいと期待しています。

主に資材の運搬を担当し、フォークリフトの操作も自在なMさん

聴覚障害者のMさん

回収した資源の運搬などを担うフォークリフトを運転する**Mさんは、耳が聞こえません。**

Mさんも**勤続十年以上**になります。Mさんが入社した当初から最近まで、当社には手話ができる人はいませんでした。だから、Mさんとのコミュニケーションは、身振り手振りと筆談でおこなっています。

ところが、最近になって、**たまたま手話ができるという新入社員が入ってきた**んです。その社員のご家族が聴覚障害者だという話でした。

その社員とMさんが手話で会話している様子を見たときは、心が震えるくらい感動したのを今でも覚えています。

同時に、わざわざ手話ができる人という条件で募集しなくても、「ご縁」というのか、どこかでうまくつながるように進むのだということにも驚いています。

私とMさんの会話は相変わらず筆談です。私生活では孫が生まれたばかりで、とても可愛くてしかたないと嬉しそうに教えてくれました。

Mさんは、休業日以外は滅多に休みません。もう少し休んでも大丈夫だと伝えてはいますが、仕事をしている状態が好きなようです。当社の仕事を楽しんでくれているのなら嬉しいですね。お孫さんのためにいろいろ買ってあげたいそうなので、がんばってくれている分のお給料で叶えてほしいと思っています。

高齢者雇用のHさん

Hさんは、**今年八十四歳**。先代社長の頃から勤務しているので、**勤続は十二年以上**です。

Hさんの担当業務は、解体された電気機器から金属資源を選別すること、そして施設外就労で来てくれている事業所の先生方と作業の打ち合わせや指導もしています。指先と目を酷使する細

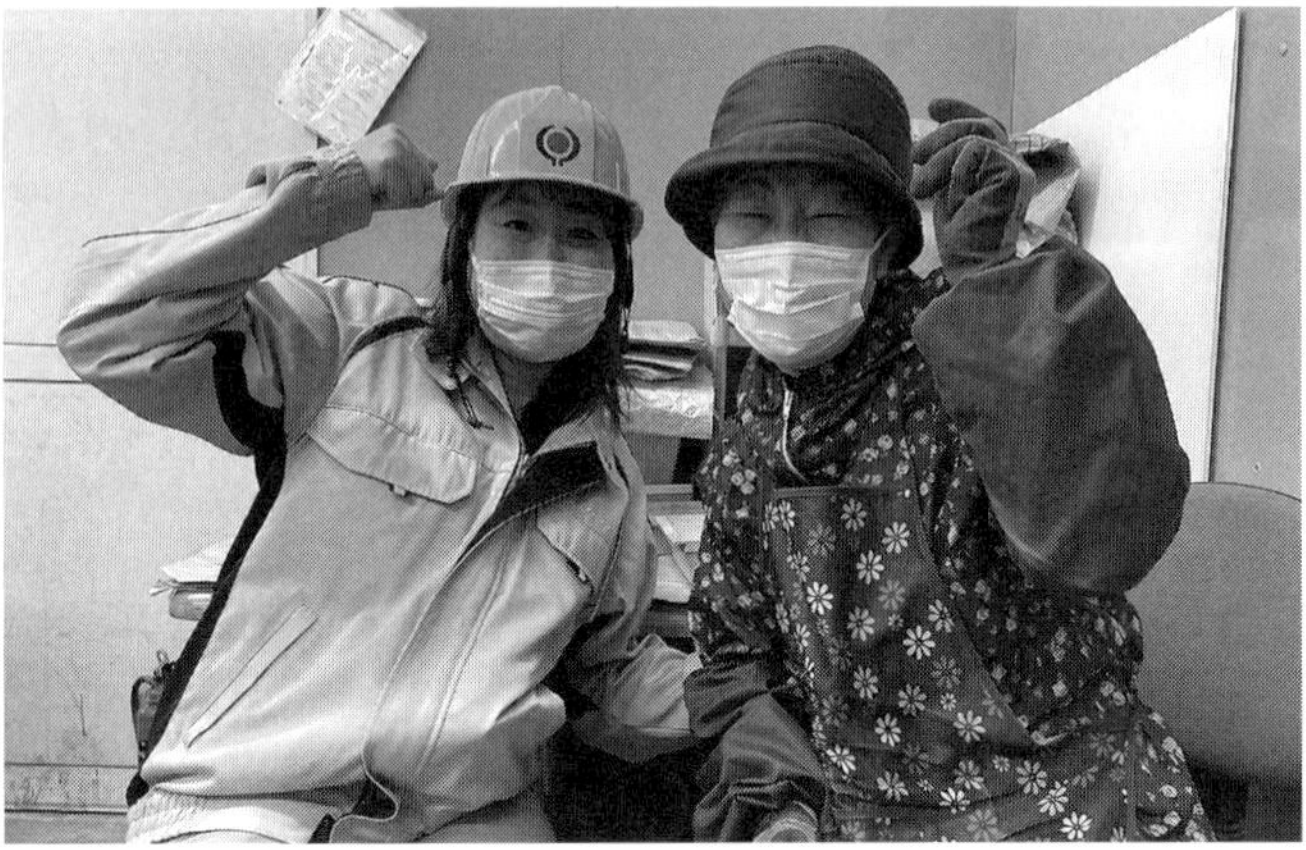

田中社長（左）と、80歳を超える現在も自動車で通勤するＨさん。「仕事が元気の源」とも

かい作業ですが、Ｈさんの仕事は精度が高くとても助かっています。

自家用車通勤のＨさんは、もしも運転に不安が出てきたら通えなくなるからと、定期的に認知症チェックを受けています。**自分の仕事は自分でちゃんとこなすという責任感が強い人なので、当社としては頼りにしない理由が見つかりません。**

一般的には定年退職の年齢を過ぎているため、Ｈさんのご友人は働いていない人がほとんどのようです。でも、Ｈさんは「会社が楽しい。**仕事しているから、元気でいられる**」と言ってくれているので、嬉しく思います。

Ｈさんの健康の秘訣は、朝五時に起きて、よく食べて、よく働いて、家に帰ったら晩酌をして、よく眠ることだそうです。以前は三五〇ミリリットルの缶ビールを飲んでいたそうですが、続けているうちに強くなってきて、今では五〇〇ミリリットルを飲んでいるのだとか。

明るいHさんがいると、作業場の雰囲気がほんわりと温かくなるんです。いつまでも元気に働いてほしいと願っています。

元受刑者のCさん

当社では、**元受刑者の雇用**もしています。

現在、運搬車の運転手として働いているCさんの採用面接は、コロナ禍のためオンラインで実施されました。オンラインでつながっていたのは、当社と、ある刑務所です。

採用面接で、Cさんは「刑務所を出たときに仕事がないことの不安が大きい」と言っていました。そのときにはもう、Cさんがしっかりと反省して更生を望んでいることがわかっていたので、私は「いいよ。うちに来ればいい」と伝えました。そのうえで、Cさんの**親御さんと面談をさせてほしい**と言いました。

実は、**元受刑者の雇用はCさんで五人目**になります。これまでの四人は、全員が入社から半年程度で辞めていきました。理由は、再犯です。残念なことですが、彼らばかりを責める気にはなりませんでした。なぜなら、**当人以上に家庭の事情が大きい**と感じていたからです。

当社に来た四人は、三十～六十代。知的障害や発達障害を抱えているように見える人もいました。しかし、障害者としての診断は受けていません。**彼らは自身の障害を自覚していましたが、ご家族がそれを否定していたため、適切な支援や教育を受けられなかった**のです。

Cさんの親御さんと面談をした結果、**Cさんが大切に育てられてきた**こと、しっかりとした身元引受人がいることがわかりました。私は、安心してCさんの雇用を決めたのです。

Cさんは、勤続二年目に入り、誠実に勤務を続けてくれています。

保護司の活動と雇用

私は、犯罪や非行をした人の更生を支えるため、**保護司ボランティアとしても活動**しています。元受刑者の雇用を決めた際に、雇用主と保護司の関係性について学びたいと思って志願しました。雇用主と保護司、双方の立場で考えられるようになったので、始めてよかったと思っています。

私が保護司として担当している子は、**今はまだ少年院に収容中**です。退院してから本格的な保護活動が始まるのですが、**当然、当社での雇用も視野**に入れています。

罪を犯した人の雇用は、障害者を雇用するよりもハードルが高いと感じる人もいるでしょう。しかし、私は**誰にでも「生きるチャンス」は必要**だと思っています。

当社の求人情報は、受刑者や少年院在院者の就職を支援する取り組みである「コレワーク」にも登録しています。コレワークの求人情報は刑務所や少年院の中でも閲覧できるため、Cさんのように出所前に就職を決めておくことが可能になるのです。

犯罪にいたった動機や何をしたのかなどケースバイケースではありますが、**雇用による安心や安定が犯罪抑止力になる**という人もいるのではないでしょうか。

「更生」と「雇用」を結びつけることで、多くのチャンスを生み出すことができれば幸いです。

ヤングケアラーが在職していたことも

ヤングケアラーの子を雇用していた時期もあります。ヤングケアラーとは、さまざまな理由から親やきょうだいの世話をする子どものことです。当社に来たSさんは、重度の障害がある親御さんとお姉さんの面倒を見ているという状況でした。

ヤングケアラーの置かれた状況や派生する様々な問題は、近年になって社会問題視されるようになりました。しかし、多くの場合、当人は「それが当たり前」だと思っています。友だちの家と比較したり、客観的な情報を入手したりする余裕も手段もないことが多く、彼らは**自分以外の家の日常を知りません**。

Sさんも、幼い頃からご家族のケアをすることが日常でした。だから、「**それが当たり前、それが普通**」と思っていたんです。

私は、「**それは普通ではないんだよ**」ということをSさんに伝えました。Sさんにとって、私は**初めての「周囲とは違うことをいう大人」**だったようです。

私はSさんといろいろな話をしました。Sさんがヤングケアラーだと自覚したからといって、ご家族のケアが不要になるわけではありません。だから、私は行政のサポートや制度についても、利用できそうなものをピックアップして説明しました。

最終的に、Sさんは当社を退職してしまいましたが、**さまざまな大人と接することの大切さ**を伝えることはできたのではないでしょうか。「雇用」というご縁がなかったとしても、企業として、大人として、できる役割は果たしていきたいと思っています。

障害者の作業実習も継続中

先代が始めた**障害者作業実習の受け入れ**も、もちろん続けています。

支援学校の生徒を受け入れて、当社の社員がやっているのと同じような仕事をしてもらうわけですが、その子が就職する際に必ずしも当社を志願するとは限りません。でも、それでいいと思っています。あくまでも実習ですから。

私は、実習とは「仕事ってなんだろう。大人はどんなことをやっているんだろう」ということを見せる場だと思っています。

ほんとうは、**いくつもの会社で実習を受けて、本人が行きたいところを探せるのが理想**です。しかし、**現在の青森では、特別支援学校の実習を受け入れている会社は少なく、業種も製造業に偏っています**。選択肢は、ほとんどありません。

障害があっても、技術と知識を得て、必要な能力を身につ

専用の実習室を整備し、受け入れに取り組む

ければ、事務職やエンジニアなどでも、十分に対応できるはずなんです。だからこそ支援学校のうちからさまざまな業種に触れて、得意分野の発見や育成がしやすい環境になることを心から願います。

当社の雇用でできること

幸せを実感できる社会

当社の社員は、雇用期間に定めのない正社員、アルバイト・パートと、その方に合わせたさまざまな形での雇用をしています。

基本的にフルタイム勤務ですが、高齢者のＨさんを例にとると、毎日出勤だと疲れてしまうということで、週五日から出勤する曜日の間隔をあけて週四日の勤務に変更しました。小さな会社なので高給とはいきませんが、日常生活を送るのには困らない、そして少しだけ生活に余裕もできる、と話していました。

障害者、高齢者、元受刑者、ヤングケアラーなど多様な人材に雇用機会を提供するダイバーシティ経営が実現できているのではないでしょうか。

「ＳＤＧｓ（持続可能な開発目標）」が採択されたのは二〇一五年の国連サミットでした。ＳＤ

Gsには十七のゴールが掲げられていますが、**当社では既に取り組んでいたものがほとんど**です。当初は知らない人も実際いましたが、世界中で大々的に喧伝した結果、SDGsは小さな子どもでも知っている言葉になりました。それは、大きなプロジェクトならではの効果だと思います。そのおかげで、当社もさまざまな視点から注目されるようになりました。

新聞や書籍で当社が紹介されることで、社員たちのご家族が「こういうことに取り組んでいる会社で働いているのか」と安心してくれたら嬉しいですね。

そして、**ご家族に誇れるということが、社員たちの自信になってくれたら**、さらに幸せです。

同時に、私もますますがんばらなくてはと思います。

社員のために仕事をつなぐのが経営者の役割

仕事というものは、当たり前にあるわけではありません。私は、仕事を取ってきたり創り出したりして、「**人と仕事とをつなぐ**」**ということも重要**だと考えています。どんなに意欲があっても、技術があっても、仕事とつながっていなければ発揮する場がないのです。

私は、**経営者というのは、雇用している社員たちのために生涯を通して仕事をつなぐことこそ**

が**「役割」**だと思っています。

もちろん、会社も守らなくてはなりません。会社は、社員たちと仕事をつなぐ大切な場です。当社の社員たちががんばってくれている姿を見るたび、そして「仕事が好きだ」「仕事が楽しい」と言ってくれているのを聞くたびに、絶対にいい会社にしたい、そして特性や年齢に合わせ生涯を通して働ける、働きやすい会社にしたいと心に誓うのです。

地域とともに考える環境問題

「やらない理由」を探さない

当社がある青森県は、〝田舎〟と呼ばれるところかもしれません。でも、**「〝田舎〟でもやっている人はやっているんだよ」**と伝えたいです。

障害者雇用にしても、**ダイバーシティ採用**にしても、**SDGsに対する取り組み**にしても、**「やろう」という思いさえあればできる**と思っています。

「〝田舎〟だからできない」とか「都会は人が多いから難しい」とか、**やらない理由を地域や環境のせいにするのは違う**のではないでしょうか。どこにいようが、やる人はやるし、やらない人はやりません。

当社は、ここ青森で、地域とともに挑戦を続けていきたいと思っています。

次代を担う子どもたちと「ごみ」について考える

私は、「青森県小学生ごみゼロ研究コンクール実行委員会」の委員長も務めています。これは、二〇二一年に始めたばかりの試みで、小学生のうちから循環型社会について興味を持ってもらうことが目的です。

今年度からは、「ごみゼロ・カーボンゼロ研究コンクール@青森」と名称も変更し、小学生・中学生を対象に幅広く開催します。テーマは、ごみの削減や減量、リサイクル、食品ロス対策などです。例えば、野菜の皮を用いた紙すきや廃材を利用した工作、家庭ごみがどのくらい出ているかといった調査、エコクッキングレシピなど、ごみに関する研究や作品ならなんでもかまいません。

青森県内の小中学生の研究を表彰する「ごみゼロ・カーボンゼロ研究コンクール@青森」第３回ポスター

応募期間を九月にしたのは、小学生であれば夏休みの自由研究の材料として、親子、祖父母とも会話をしながら取り組んでくれればいいと思ったからです。青森県と青森市の教育委員会の後援もあり、応募用紙を学校で配布してもらえるようにしました。

協賛は、環境に関わる業種はもちろん、保険会社や建設業、美容業、お花屋さん、カフェ、設備業などといったさまざまな業種の企業にもお願いしました。初回が好評だったため、協賛企業が続々と増えており、テレビ局や県外企業も参加してくれています。

「ごみゼロが当たり前」な未来を目指し、次代を担う地域の子どもたちと一緒にごみ以外の環境問題を考えていく場を広げていき、大人の私たちも日々の生活を通して考えていけるようになればと思っています。

当初、もにす認定の申請ができるのか不安だった

もにす認定のことを知ったのは、私が加入している経営者団体・中小企業家同友会を通じてのことです。障害者雇用の勉強会などでも話題になっていました。

中小企業家同友会との出会いが社長業にも活かされた

私が同友会に顔を出すようになったのは、ローズリー資源に入社してすぐの頃です。当時は先代の名義で加入しており、例会などには常務が出席していました。その常務から、事業を継承するのなら出席しておくといいと勧められて、総会に出たのが始まりです。

同友会の良いところは、同じような規模で同じように社長業をしている人同士が、同じような悩みについて向き合ってきた話を共有できるという点です。新人社長だった私は、みなさんの話を聞いたり相談に乗ってもらったりして、社長業の勉強をしてきました。**経営指針の参考にもさせてもらっています。**

もにす認定を知った当初は、知識として「もにす認定」というものがあるんだなあ、当社は取得できるのかなあ、という程度でした。しかし、同友会の勉強会のグループ討論で同じテーブルになった**厚生労働省担当者からさまざまな話を聞いて、やれそうな気がする、申請してみよう、と気が変わった**のです。

障害者雇用を、もっと簡単にできるように

私は、**障害者雇用には、人が関わりすぎる**と感じていました。

障害者一人に対して、ハローワーク、地域障害者職業センター、高齢・障害・求職者雇用支援機構、ジョブコーチ（職場適応援助者）、中央障害者雇用情報センター、地域の関係機関など、たくさんの支援窓口が用意されています。支援が多いのはいいことです。しかし、それぞれがバラバラに存在しているため、**障害者本人も、雇用企業も、何をどこに相談すればいいのかわからなくて混乱することのほうが多い**でしょう。

提出書類も多すぎるように思います。もちろん、ある程度のルールが必要なこと、証明や契約が必要なことはわかっていますが、それにしても手間がかかりすぎではないでしょうか。書類を

揃えて提出してから面談日が決まり、さらに手続きの準備をして、と考えただけでも大変です。

中小企業には人的余裕がない会社も多いでしょう。**障害者雇用に興味を持っていても、単純に「手続きが煩雑で躊躇している」というところもあるのではな**いでしょうか。

もう少し手続きが簡素化すると、障害者雇用も広がるのではないかと思っています。

もにす認定の申請も、それはそれは書類が多くて面倒でした（笑）。

もちろん、しっかりとした基準が設けられていることは良いことだとわかっています。また、認定企業がまだ少ないことによる付加価値もあるでしょう。

ただし、青森県内では、もにす認定の申請をする件数が本当に少ないためか、労働局のほうでも経験不足のようでした。今後、申請件数が増えることでスムーズに処理できるようになるとは思いますが、根本として**申請手続きの簡素化が実現することを願っています。**

もにす認定取得の前と後で変わったこと

もにす認定企業になっても、社員たちにとっては、何も変わらないのではないでしょうか。

申請前と後とで、**変えたことや変わったことは特にありません。**「このあいだ社長がうんうん唸りながら作っていた書類はこれか」と気づいている社員がいるかもしれない、という程度です。

良い影響があったとするなら、当社がもにす認定を取得した際、青森県の新聞に取り上げられたことでしょう。先ほども言いましたが、**メディアに掲載されることの意義は、当社の社員たち、そして施設外就労で来てくれている方のご家族が喜んでくれる**というのを聞くとき、よかったなと実感します。

「もにすってなんだろう。ああ、障害者のことをちゃんと考えてくれているんだね」と、**ご家族の安心材料が増えてくれていたら嬉しい**です。

夢の実現に向けて、利用できる制度は十分に利用する

もにす認定を取得することのメリットの一つに、**「日本政策金融公庫の低利融資制度の対象となる」**というものがあります。まだ融資を受けていないので、どのくらい金利が安くなるのかはわかりませんが、利用できるものは積極的に利用しようと思っています。

というのも、**私には夢がある**からです。私の描く夢の実現にはお金がかかります。返済期間や年齢のことを考えると、もう踏み出さなければならない時期です。

このタイミングが合致したのも「ご縁」のうちなのでしょう。ポンと背中を押してもらえたので、もうひとふんばり、がんばってみようと思います。

これからの夢、十年でかなえたいヴィジョン

ほんとうの意味で生きる場を整える会社に

私自身、**シングルマザーとしてひとり親家庭で娘を育てる**という経験をしました。その頃は事業継承前、介護職として奮闘していた時期です。お給料は少なく、料金滞納により電気やガスが止められてしまうこともしょっちゅうでした。

ひとり親家庭に対する偏見というか、生きづらさのようなものを感じることもありました。

そのときに、「この世の中には、ほかにも**生きづらさを感じている人がたくさんいる**んだろうな」と思ったのです。

幸い、私はなんとかなりました。

だから今、生きづらさを感じている人たちにも、「なんとかなるさ」と言ってあげたい。そのために、私ができることは何だろうかと考えるようになりました。

循環型でみんながつながるコミュニティを

私の夢は、生きるための**すべてをまかなえる循環型のコミュニティ運営をする**ことです。

広大な敷地を買って、まずは当社の事務所や作業所を建設して、一緒にグループホームも建てます。そこを、独身の障害者や高齢になって独居になった人たちが暮らす家にしたいんです。

それから、児童養護施設出身者のためのアパートも用意します。児童養護施設とは、原則として十八歳までの子を養育する施設です。つまり、十九歳になると出ていかなくてはなりません。

私は、児童養護施設の出身者を雇用すると同時に、居場所作りもおこないたいと思っています。

そのコミュニティでは、回収した資源を処分する際の排熱を利用して植物を育てたり、その食材を使ったレストランを経営したり、とにかくいろいろなことをやってみたいんです。

人がいれば、なんでもできます。料理が得意な人がいるなら料理を任せればいいし、施設の掃除や草取りをしてもらうのでもいい。「これをしてもらわないと困る」といったことに、こだわることはないんです。**その人の可能性に任せればいい。その人の得意を発揮できるような仕事を、創り出せばいい**じゃないですか。

ともに生きる「共生」から、ともに成し遂げる「共成」を目指して

青森県中小企業家同友会では**「共に生きる障がい者問題委員会」の名称が、二〇二三年四月に「共に生きるみらい委員会」に変わりました。**ともに生きる**「共生」という言葉が、これからの指針**となるようです。

でも、私は「共に生きる」のは当たり前のことなのだから、「共に成し遂げる〝共成〟」でなければ意味がないのではないかと思っています。

能力がある人がいて、たまたま障害があったり、高齢者だったり、前科があったりするというだけのこと。**それぞれが自分のポジションでしっかりと自分の仕事をしていけば、ともに何かを成し遂げることができる**でしょう。

私の役割は、場を作り、仕事を作り、人と仕事をつなぐことです。そのために、できることを実行し続けていこうと思っています。

「共成」が当たり前な社会を作ること。それが当社にとっての新たな十年ヴィジョンです。すべての子どもたちが、子どもたちの中で育つ世界へ。すべての人が一緒に育ち、ともに生きていくこと。これに尽きると思います。

障害のある方と楽しみながら築く未来

ビーアシスト株式会社

代表取締役社長　森葉子氏

ブックオフグループホールディングス株式会社の取締役を兼務。グループ全体では148名の障害者を雇用している。

ビーアシスト株式会社
ウェブサイトはこちらから

会社名	ビーアシスト株式会社
代表者	代表取締役社長　森葉子
創　業	二〇一〇年十月十五日（特例子会社認定日　二〇一〇年十二月二十日）
所在地	神奈川県相模原市南区古淵二―一四―二〇
事業内容	ブックオフグループの障害者支援、業務支援
資本金	九〇〇〇万円
従業員数	一二七名
障害者雇用人数	一〇五名（勤続一～十二年）
もにす認定取得年月日	二〇二一年六月二十四日
ウェブサイト	https://www.bookoffgroup.co.jp/b-assist/

特例子会社ビーアシストができた理由

あがらない障害者雇用率

ビーアシスト株式会社は、二〇一〇年に設立された、ブックオフグループの特例子会社です。**特例子会社とは、「障害者の雇用において特別の配慮をおこなう子会社」**のことをいいます。当社が雇用している障害者は、ビーアシストの親会社であるブックオフグループホールディングスをはじめとするグループ全体の雇用とみなされます。つまり、ビーアシストで雇用している人数が、ブックオフグループの障害者実雇用率に加算されるというわけです。

ブックオフグループでは、当社が設立される前から物流センターなどを中心に障害者雇用をおこなっていました。しかし、**当初は障害者雇用における法定雇用率についてあまり理解していませんでした。**

お恥ずかしい話ですが、当社の法定雇用率が何年も改善されていないということで、二〇〇八

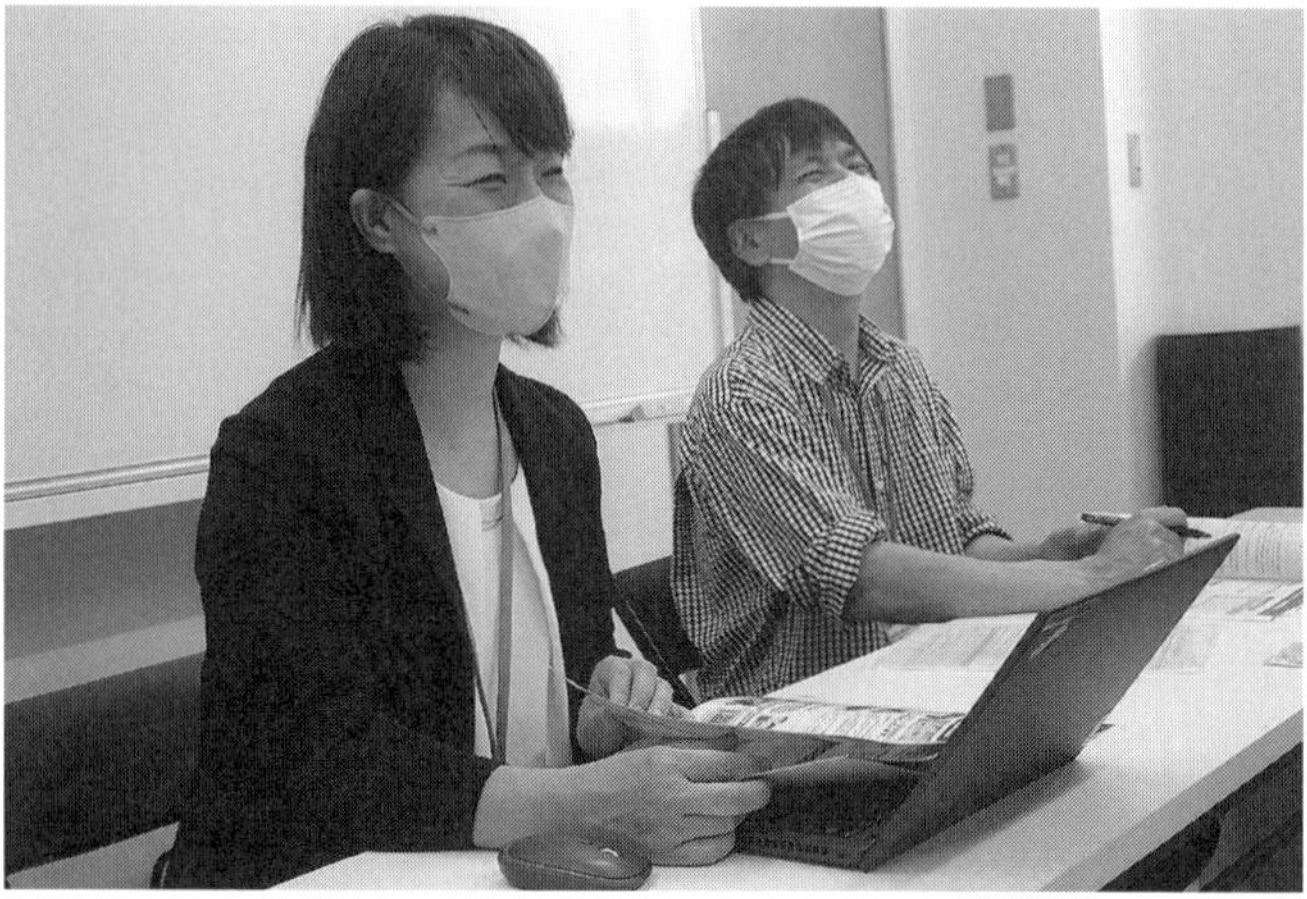

スタッフとともに成長することを目標に掲げるビーアシストの大西美香氏（左）、深水清志氏

年にとうとう**労働局による指導が入りました。**

そういう事態になって初めて、「**もっと障害者雇用に向き合って、雇用人数を増やさなくてはならない**」と気づいたのです。

障害者雇用を一から勉強

すでに労働局の指導が入ってしまったのですから、のんびりしている暇はありません。

ただちに、ブックオフグループ各社から障害者雇用推進担当者が選任されました。

専任担当者たちは、BOOKOFFの店長やエリアマネージャーを担っていた一般社員です。**障害者雇用に関する知識も経験もノウハウもないところからのスタート**でした。

とにかくわからないことばかりでしたので、

障害者雇用促進法がどのような経緯で制定されたのか、というところから勉強を始めました。

同時に、特別支援学校や障害者雇用支援機関、障害者雇用をおこなっている企業など、さまざまなところに足を運びました。障害者の様子や取り組みを見学させていただいたり、相談にのっていただいたりして、大変に心強く感じました。

そうやって、**知恵と力を分けていただきながら、障害者雇用率改善に向けた本格的な取り組みがスタート**したのです。

立ちはだかる二つの壁

まずは、ブックオフの大型店舗に障害者スタッフを配属することが決まりました。業務内容は、お客様から買い取った本やCD、洋服などを、商品として店舗に並べられるように加工するというものです。

仕事ぶりや作業環境には大きな問題はありませんでしたが、**思わぬ壁が立ちはだかりました。**

一つは、**店舗ではどうしても人事異動が避けられない**という点です。特に、店長の異動は、**障害者スタッフを取り巻く環境が変化してしまう**懸念がありました。

そこで、**人事異動があっても途切れないサポート体制と雇用管理、環境に左右されずにトレー**

ニングを続けられるような仕組みづくりを考えることになったのです。

二つめの壁は、ブックオフコーポレーションが小売業であるということに起因しています。小売業では、障害者雇用率を算出する際にアルバイト・パートスタッフも常用労働者として数えるため、**新しい店を出すと雇用率の母数が一気に増えてしまう**のです。さらに、ブックオフコーポレーション（当時の親会社）が関連子会社と合併することでも従業員数（母数）は急増します。コツコツと障害者雇用数を増やしていても、新店舗出店や合併のたびに従業員数が膨れ上がるため、いつまでたっても障害者実雇用率が法定雇用率に追いつきません。

そこで、この**二つの壁を乗り越えるために、障害者雇用部分を独自に管理できる特例子会社の設立に舵を切った**というわけです。

先達の教えに沿って事業所を三つに

こうして、二〇一〇年十月にビーアシスト株式会社が設立されました。中心となったのは、当時ブックオフコーポレーション総務部長だった永谷佳史です。

二〇二三年現在の事業所は五つ。**特例子会社として、五つも事業所を持っているところは珍し**

いそうです。

しかし、当社にとっては、**事業所の数こそが成長の証**でした。

ビーアシスト株式会社を設立して、すぐに事業所を三つに増やしています。とにかく障害者雇用数を増やすために、働く場所を用意する必要があったということもありますが、実はブックオフ創業時に倣ったものなんです。

ブックオフ創業者の坂本孝さん（享年八十二）は、**「三つの時計」**という教えを大切にしていました。例えば、時計が二つしかない状況でそれぞれが十四時と十五時を指していたら、どちらが正しい時間かわかりません。時計の持ち主は「自分が正しい」と主張し合ってけんかになることもあるでしょう。しかし、三つめの時計があって、それらのうち二つの示す時間が近ければ、おおよその時間の把握ができるのではないでしょうか。

特例子会社設立までの約二年間、障害者雇用推進担当者たちは体当たりで取り組んできたものの、まだまだわからないことだらけでした。

社長に就任した永谷は、直接現場を担当するわけではありません。ですから、それぞれの事業所長の報告や判断を信じるしかないのです。一つしか事業所がない場合、その所長が「できない」

と言えば、それが会社全体の回答となってしまいます。しかし、**事業所が三つあれば、その判断が妥当かどうかの見当がつく**でしょう。

また、事業所が増えればその分、所長が増え、人財育成にもつながります。

さらに、**事業所の数が多いと知識やノウハウが積み上がるスピードが速い**という点も大きなメリットです。

新しい仕事が来てほかの所長が躊躇しても、一つの事業所が「できます」と言って実績を積めば、ノウハウができます。次に同じ仕事が来た際は、ほかの事業所でも受けやすくなるでしょう。

毎月の定例会議で「こんなトラブルがあった」「このように対処した」という**報告を共有することで、ほかの事業所では事前に対策できることがあるかもしれません。**

つまり、**事業所を増やすことで、人財育成もでき、仕事のバリエーションも増え、知識やノウハウが積み上がりやすくなって、会社の可能性が広がっていく**というわけです。

特例子会社としての障害者雇用スタート

健常者と同じ作業をチームで協業

ビーアシスト株式会社では、二〇二三年六月現在、**一〇五名の障害者を雇用**しています。業務内容は、ビーアシスト設立前と同様に事業所に併設している店舗で買い取った中古品をクリーニングして、販売できるように加工する仕事です。

当社では、**障害者のために特別に用意された作業はありません**。健常者と同じ仕事をチームで協力しながらおこなっています。

バックヤードで完結する仕事もありますが、品出しや商品整理などは店頭に出ておこなう仕事です。**それぞれの特性や得意不得意を考慮して、定期的にチーム編成をおこなっています**。苦手なことを無理におこなわせることはありません。

実際にブックオフ店舗で仕事をする機会も多い

バックヤードでは手際よく仕事が進む

一つのチームごとに、決まった仕事を担当します。例えば、チームAは洋服加工、チームBはホビー加工、チームCは季節商品の引き下げといった具合です。チームには一人ずつリーダーがいて、新人や新任スタッフを指導します。業務の組み立てや進捗管理もスタッフたちの仕事です。

自分たちで考えるマニュアルで作業効率アップ

衣類のサイズ表の見方や分類方法、ホビーを見栄えよく見せる方法などは、チームごとのマニュアルを使います。実は、この**マニュアルも障害のあるスタッフたちの自作**なんです。

チームリーダーが率先して「写真のほうがわかりやすいから撮影してほしい」「こういう図を書いてほしい」とアイディアを出し、社員はそのとおりに写真や図表を用意します。**実際に働いているスタッフたちが工夫して、さらに使いやすくなっていく自慢のマニュアル**です。

マニュアルは全員が常に携帯しているため、作業がわからなくなってもすぐに確認できます。チームでおこなう部分だけが記載されているため、どこを見たらいいのか迷うこともありません。**「わかる」「できる」と感じることで満足度も上がり、積極的に取り組むことでさらに満足度があがっていく、という好循環**をも生み出しています。

「もにす認定制度」が目指す未来像
ダンウェイ
ワイズ・インフィニティ
奥進システム
ローズリー資源
ビーアシスト
「もにす認定制度」がわかる！ガイド

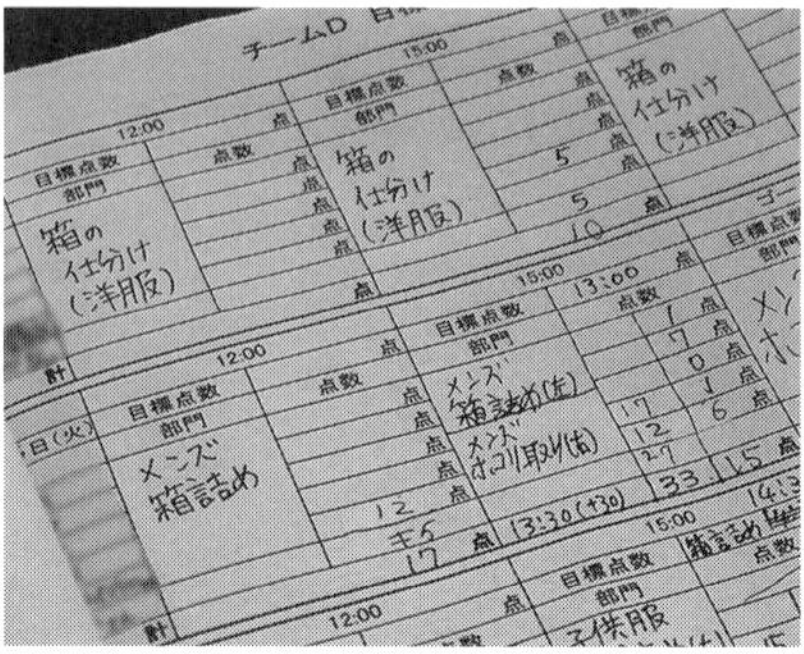

チームや個々で目標を設定し、レベルアップを目指す

店の売り上げ目標を目指す仲間

ブックオフ店舗でおこなう朝礼には、当社のスタッフたちも出席します。厳密に言えば所属する会社は違いますが、**「同じお店で働く仲間」として互いに協力してがんばっている**という環境です。

本来は店舗の業務範囲のことも、時間や人員の都合で後回しになってしまいそうな仕事を、当社のスタッフが引き受けることもあります。店舗ではその分接客に専念でき、顧客満足度や売り上げが向上するでしょう。**当社も含めた全員が、お店を作っていく仲間**です。

他の特例子会社との交換留学

当社には、ちょっと変わった外部研修があります。

他企業の特例子会社に出勤して、先方の業務を体験するというものです。ビーアシストから先方へ二名派遣し、先方から当社へ二名派遣されるため、この制度を「**交換留学**」と呼んでいます。

ベテランが新人スタッフに熱心に指導する姿も、同社の文化の一つ

交換留学の日程は二日間、**留学先は障害者雇用への「理念・考え」が当社と近い企業**です。留学生とは自社のスタッフと同じように関わり、同じ業務を体験してもらうことになっています。

留学は希望制で、当社ではリーダーを務めるスタッフがチャレンジしてみたいと手を挙げることが多いですね。

当社ではベテランでも、留学先企業では何も知らない新人です。いつもとは違う上司の指示を聞き、普段とは異なる仕事をすることは、緊張も大きく、プレッシャーも感じるはずです。でも、だからこそ、得るものも大きいのでしょう。

留学を終えて当社に帰ってきたスタッフの顔は、どことなく少し引き締まって大人びたように見えるんです。二日間でしっかりと成長していることが伝わってきて、嬉しく思います。

留学の感想は、「**勉強になりました**」「**自分の会社のいいところがわかりました**」といった**前向きなもの**から、「**あの会社のこんなところがよかったです**」「**社食があってうらやましいです**」といった**当社が抱える課題に関するようなもの**まで、さまざまです。

当社は、店舗に併設されたバックヤードで仕事しているため、お客様の反応が見えやすいという特徴があります。そのため、**達成感や満足度が上がりやすい環境**です。

しかし、留学先企業の業務のなかには、自分のおこなったことの行方がわかりにくい業務もあるでしょう。さまざまな環境での仕事を経験して、**自分なりの働き甲斐やモチベーションの保ち方などを発見できるとよい**ですね。

また、当社に留学した方が店舗の作業を体験することで、自分の仕事がお客様につながっているということを実感してもらえると嬉しいです。

コロナ禍でしばらく中断していましたが、交換留学はこの先も続けていきたいと考えています。

ビーアシストの働き方

無期雇用で更新の不安がない

当社で採用した障害者は、**全員が時間給制で勤務しています。**

時給制雇用の理由は、合理的配慮の一環です。

例えば、体調が悪くて働くのがつらいとき、薬を飲んでいても調子が悪くなってきてしまったときなどに、**時給制ならば対応しやすい**という利点があります。月給制の正社員には、出勤日数や稼働時間にある程度の基準が設けられていますが、時給制スタッフにはそれがありません。**遅刻や早退、欠勤の選択がしやすく、時短勤務にも対応しやすい方法が時給制だった**のです。

ただし、**雇用期限は無期**としています。**更新制ではないので、「来年は働けるのだろうか」と、不安を感じる必要はありません。**

また、**継続的に月八十時間以上勤務するスタッフは、社会保険にも加入**できます。

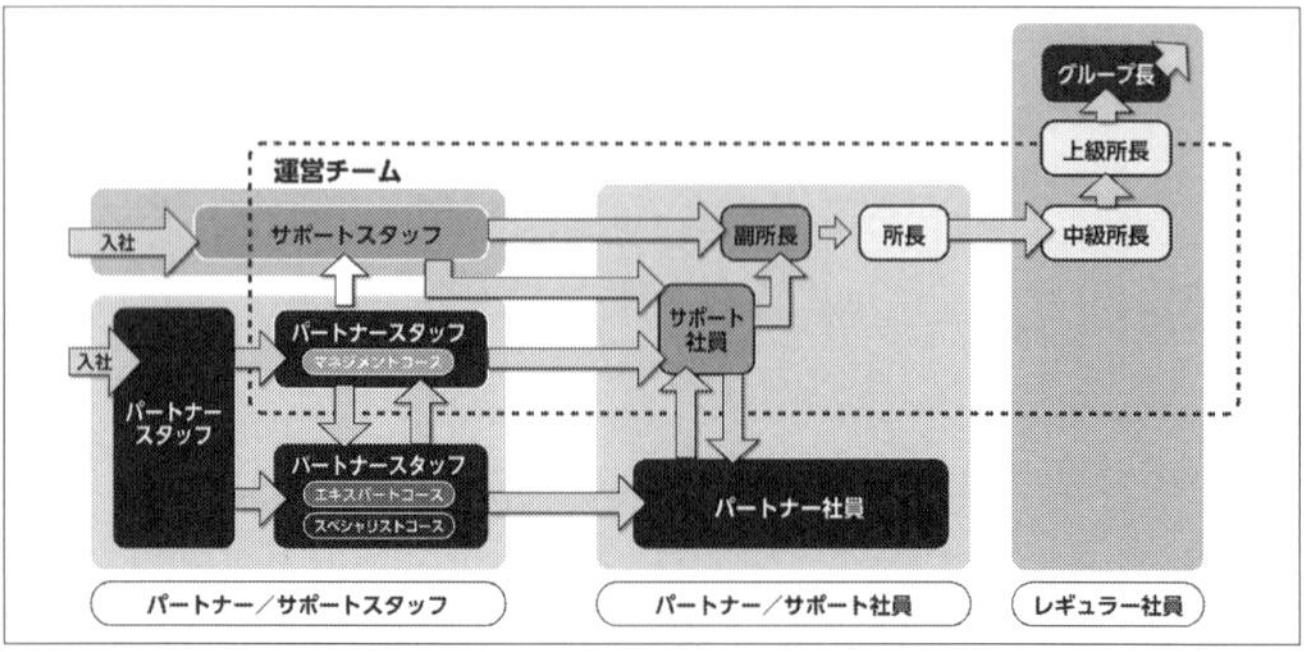

年月をかけて作り上げたビーアシストのキャリアパス制度（ビーアシスト株式会社ウェブサイトより）

障害者を中心に運営できる事業所の実現を目指す

個人の成長や安定した就労継続を図るための取り組みが、「ビーアシスト統合キャリアパスプラン」（上図）です。

半年に一度の**評価面談で目標を立てて、次の評価面談までに「クリアできていたら昇級」**、「できていなかったら次またがんばろう」、「どうしてもできない場合は相談しよう」ということになっています。

なるべくお給料を増やしてあげたいと思っているので、**少しずつであっても着実にステップアップできる仕組み**を考えました。

個人の能力や適性に合わせたコース制度も導入しています。コース内容は次の三つです。

【マネジメントコース】
・将来は事業所運営を目指す
・チームリーダーとして自分の作業チームをまとめられる人、実習生の対応ができる人など
・コミュニケーションスキルの高い人が向いている

【エキスパートコース】職人タイプ
・幅広い商品知識がある人、さまざまな商品に対応できる人
・コツコツと作業を進められる人が向いている

【スペシャリストコース】特化型タイプ
・できることの範囲は狭いけれど誰にも負けない深い知見やスキルを持っている人
・その道のマスターを目指す情熱のある人が向いている

どのコースを目指すのかということも、評価面談でサポート社員と話し合って決めていきます。半年チャレンジしてみて、違うなと思ったら変更も可能です。

キャリアパスプランの仕組みとしては、パートナー社員にレベルアップできるようになっています。しかし、実際に達成したパートナースタッフはまだいません。**キャリアやスキルだけを考えれば、パートナー社員になってもおかしくないというパートナースタッフはたくさんいます。**

ところが、就業規則上の「正社員の条件」を満たすことができません。当社では、グループ会社であるブックオフコーポレーションに準じた就業規則を採用しているため、正社員登用へのハードルがいくつかあります。

課題は正社員雇用

現在、当社で雇用している**一〇五名のパートナースタッフのうち、九割は軽度の知的障害者**が占めています。しかし、**近年の実習や求職者の傾向を見ていると、今後は**精神障害者の雇用が増えることになるでしょう。フルタイムでの勤務は難しいけれど、一日五時間なら、週に三日なら働けるという人に対応するシステムの準備が必要でしょう。

ベテランパートナースタッフたちによりよい雇用環境を提供するため、新しく雇用する精神障害の方に**働きやすい環境を整えるためにも、当社独自の就業規則を検討する時期**だと感じています。

「もにす認定制度」が目指す未来像
ダンウェイ
ワイズ・インフィニティ
奥進システム
ローズリー資源
ビーアシスト
「もにす認定制度」がわかる！ガイド

社会人・職業人として生きていくために必要なこと

当社が大切にしていることは、パートナースタッフたちが**「社会人として必要な知識やスキルを身につける」**ということです。

社会のルールや日常生活に視点をあてて作られた「生活支援ガイドライン」

四つの約束として**「挨拶・返事・時間厳守・身だしなみ」**に気をつけるように指導しています。当たり前のことだと思うかもしれませんが、意識していないと難しいものです。

また、事業所では毎日の就業中に一定時間を確保し、**「生活支援ガイドライン」という冊子を用いた研修**にあてています。生活支援ガイドラインでは、**社会的なルールやマナー、日常生活の指導として、お酒の飲み方や入浴時の体の洗い方まで網羅**する徹底ぶりです。

こういったことは意外と教わっていないもので、「足の指の洗い方がわかりました！」と嬉しそうに報告してきた人もいます。また、「話したい」と思ったら誰彼かまわず声をかけてしまい、街で警官に注意されたことのあるスタッフも、**なぜ注意されたのか理解できた**ようです。

業務内容に関係のないことは教える必要がないと考える人もいるでしょう。しかし、**彼らは単なる作業スタッフではなく、大切なパートナーです。社会人として充実した時間を過ごしてほしいと思っています。**

「どうやったらいいのかわからない」という不安が「わかった」に変わることで、**自己肯定感が少し高まる**でしょう。**自分を認めることができれば、次の挑戦に進める**んです。そうやって、ときには他者の力を借りながらでも一歩ずつ前進して、挑戦を繰り返し、成長していってほしいと願っています。

スタッフの成長と、嬉しい報告

傍から見ればお節介に映ることでも、続けてきてよかったなと思う出来事もありました。

ブックオフグループの店舗で働くパートナースタッフの男性が、結婚したんです。お相手は長くお付き合いしてきた特別支援学校の同級生とのことでした。

社会人としてしっかりしていると感じたことは、**きちんとしたライフプランを持っている**こと

職場には働くメンバーの笑顔があふれる

です。結婚後は、まず家を購入して、落ち着いた頃に子どもを授かりました。実は、その頃に彼から育休について相談を受け、制度について説明していたのです。その後、彼は実際に、ちゃんと**制度を利用して計画的に育休を取得**したようです。

もちろん、結婚も出産もとても嬉しい報告でした。当社に**無期雇用で勤めることができたから、将来を考える余裕ができた**とのことです。そして、福利厚生制度というものを知って、きちんと使おうと思ってくれました。

まさに、**職業人として社会人として立派に成長してくれた**のだと感動しました。

もにす認定を取得して

基準と照らし合わせることで、自社の強みと弱みが明確に

もにす認定を取得して「変わったこと」というよりは、**もにす認定の取得申請をきっかけに「変えたこと」**がいくつかあります。

申請書類には、どのような取り組みをおこなっているのか、そのことでどのような成果を得ているのかを詳しく記述する項目がありました。**ひととおり記入して、できあがった書類を確認して見えたものは、当社の障害者雇用における「弱み」でした。**

もにす認定基準と照らし合わせたときに、**自分たちではOKだと思っていたけれど「足りなかった」「相手には伝わっていなかった」という点が明確に**なったんです。

改善に向けて、すぐに取り組まなければならないと思いました。もにす認定における獲得点数を上げるためというわけではなく――いえ、結果的に点数は上がることになるのですが、それよ

就労人数

（単位：名）

就労場所	人数
ビーアシスト事業所・ビーアシスト本社	105
BOOKOFF店舗	31
ブックオフ東名横浜ロジスティクスセンター	8
ブックオフコーポレーション本社	2
ブックレット本社	2
グループ計	148

障害区分

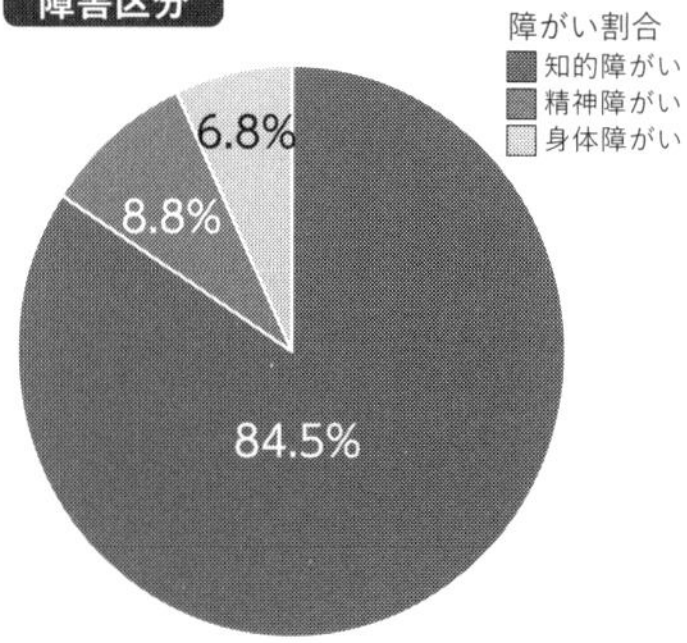

年代別割合

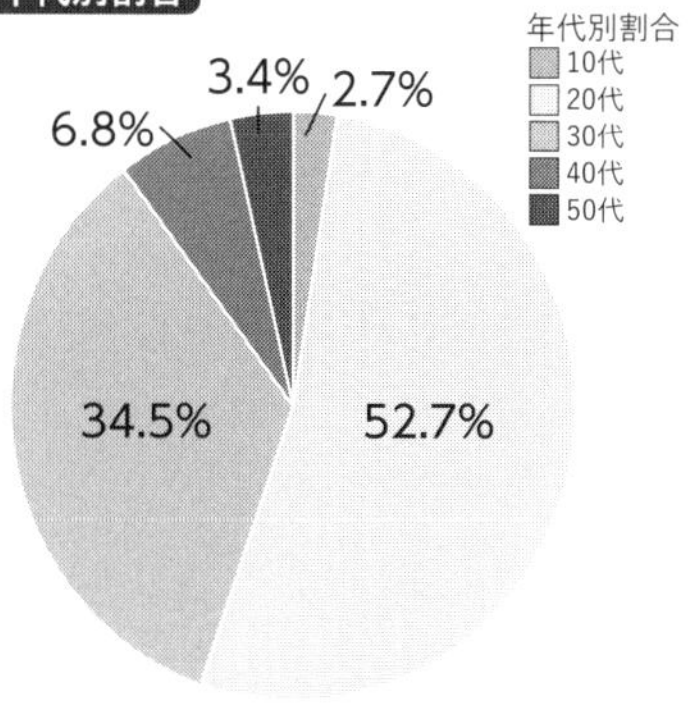

数字で見るブックオフグループの障害者雇用
（2023年６月１日現在）

りも**「明確になった弱みを改善して、強みに変えたい」**という思いで取り組みました。

障害者雇用に取り組んで社内環境が変わると、健常者の社員にとっても働きやすい環境になるということを実体験として知りました。使った椅子はすべて戻すことを促すために整頓された状態の写真を掲示すること。注意点を「気づくだろう」と思い込まずにあえて言語化して貼り出すこと。

一つひとつは簡単で些細なことですが、成果は大きいと感じています。

労働局の事業所訪問は嬉しい時間

もにす認定の申請書類を提出し終えると、労働局職員がチェックのために来訪されました。

チェックといっても、厳しいものではなく、終始和やかな雰囲気で進みました。

基本的に応援してくださっているのだと感じられて心強かったですね。申請の際に自己判断で「ここはクリアしていない」と思っていた部分も、「大丈夫、クリアしていますよ」「あと少し、こうすればクリアですよ」と教えていただけて、得点もさらにアップしたんです。

目の前でたくさん褒めてくださったので、事業所のスタッフたちも喜んでいました。**自分たちの仕事ぶりを認めてもらえて、とても誇らしげでした。**

また、もにす認定制度についても、いろいろな話をうかがいました。

障害者雇用をおこなっている企業は、雇用数や、待遇、業務創生など、各社さまざまな強みを持っています。そのなかで、**「ちゃんとやっている」という判断をするための「共通のものさし」**として、もにす認定制度が生まれたのだと聞きました。

そのときに、腑に落ちたのです。**共通のものさしで測って、足りない部分が明確になったとき、同時に、目指すものがはっきりとわかりました。**

だからこそ、改善したいと思ったし、どうすれば改善できるかがわかるからすぐに対応できたのです。

共通のものさしの存在の大きさというか、ありがたみを感じた瞬間でした。

もにす認定を通じた企業同士の交流に期待

障害者雇用に本気で取り組まなければならないことが決まった当初は、まだ共通のものさしにも出会っておらず、自社の状況すら把握しきれていない状態でした。何を、何から、どうしたらいいのか全くわからなかったのです。

そこで、**実際に障害者雇用に取り組んでいるいくつもの企業を訪問**しました。

うかがった企業は、どこも快く受け入れてくださり、具体的な対策や情報についてとても丁寧に教えてくださったんです。そのときに、**障害者雇用をおこなっている企業や特例子会社同士の横のつながり、情報の交換や共有がほんとうに大切**だと感じました。

厚生労働省や労働局のウェブサイトでも情報閲覧はできますが、**実際にどのように動いているのか、どのように感じているのかということは、やっぱり直接お話ししないとわかりません。**

今後、**もにす認定制度を通じて、認定企業同士の横のつながりができるのなら、素晴らしいこと**だと思います。

これからも仲間とともに

楽しそうだと思ってもらえることが嬉しい

障害者雇用に向き合って気づいたことは、「**障害者雇用に取り組むのはとても楽しい**」ということです。

実は、**ブックオフグループの社員からビーアシストへの異動希望者が多数いる**と聞いています。「**ビーアシストで働きたい」と思ってもらえることは素直に嬉しい**ですね。

外から当社を見たときに、「**働き甲斐がありそう**」「**障害者雇用に携わりたい**」「**楽しそう**」と**思ってもらえているのなら、それは当社のスタッフたち、社員たちに笑顔が多いから**でしょう。

障害者雇用に本気で取り組むために当社が創設されて、今年で十三年になります。その間、企業と障害者が共に成長できるような取り組みをいくつも考案しては実践してきました。

先頭に立って牽引してきた永谷は二〇二一年八月に社長を退任しました。そして、二〇二一年九月から私が社長に就任しました。ビーアシストに所属するパートナースタッフたちも勤続十年を越える者が多くなり、我々も次のステップに進む時がやってきたのです。

現在は、ブックオフグループの「障がい者雇用における方針」として、以下を掲げています。

「ブックオフグループでは適切な『合理的配慮』をした上で、障害も個性の一部と捉え、グループのダイバーシティ方針にのっとり、心理的安全性を確保し、バイアスを排除、そしてインクルージョンされる組織づくりが行われることで、一人ひとりの内発的動機が形成、もしくは表面化し、その内発的動機と実施業務の社会的価値を結び付けてやりがい、生きがいにつなげていくマネジメントを行います。

そうすることによって一人ひとりが『よく生きる』＝ウェルビーイングな状態となり、イキイキとやりがいを持って幸せに生きる状態を生み出すことができると考えています。

『仕事をする』ということは社会とのつながりが得られます。そして『働く場所がある』ということは自身の価値をより認識できる場所があるということです。

その考えのもと、担当する業務においても、目の前の手を動かしている業務の先にどのような社会的意味、価値があるのかを理解してもらい、人生を歩んでいく社会においての自身の生み出す価値の重要性に気づいてもらうことで、自立し、より充実した人生を歩んでもらえるよう、環境を整備したいと考えています。」

3章

「もにす認定制度」がわかる！ガイド

前章に登場した五社すべてが取得している「もにす認定」。「申請手続きがたいへん」との声も聞かれますが、「取得によってさまざまなメリットが得られる」のも確かです。
これから取得を目指す企業のために、この制度についてあらためて解説します。
なお、厚生労働省ホームページの「障害者雇用に関する優良な中小事業主に対する認定制度（もにす認定制度）」のページでは、
認定事業主になるためのマニュアル等が掲載されています。

詳しくはこちらをご確認ください。

一 「もにす認定制度」ってなに？

「もにす認定制度」は、厚生労働省の施策のひとつで、正式名称を「障害者雇用に関する優良な中小事業主に対する認定制度」といいます。

「もにす」ってどういう意味？

「もにす」とは、「障害者雇用優良中小事業主認定マーク」の愛称です。

認定マークを決めるために、厚生労働省が実施した公募で選ばれた作品に、「共に進む（と**もにす**すむ）」という意味をこめて「**もにす**」と名付けられていました。企業と障害者が、ともに明るい未来や社会に進んでいくことを期待する言葉です。

厚労省が目指す未来にふさわしいということで、「もにす」は認定マークの愛称にとどまらず、そのまま制度の通称となりました。

障害者雇用 中小事業主認定
もにす
○○○○年度

もにす認定マーク

二　もにす認定制度は、何のためにあるの？

もにす認定制度は、**二〇二〇年四月**に誕生しました。大企業に比べて障害者の実雇用率が低いなど取り組みが停滞している中小企業の「障害者雇用促進」の後押しをするためです。

同時に、次のような展開も期待されています。

インセンティブを付与すること

これまで、障害者雇用に関する中小企業の取り組みを評価する基準はありませんでした。それでも、障害者雇用に真摯に向き合ってきた中小企業は少なくありません。

もにす認定制度によって、**これまでがんばってきた中小企業を正しく評価し、認定マークの表示などにより社会的なメリットを受けられるようにすることで、インセンティブにつながる**ことが期待されています。

ロールモデルを増やすこと

もにす認定企業の取り組み状況はロールモデルとして公表され、厚生労働省ウェブサイト内認定事業主一覧（https://www.mhlw.go.jp/stf/monisu_00002.html）より、閲覧可能です。

日本には、約三六〇万もの中小企業があり、すべての企業数の九九・七パーセントを占めています（出典　総務省・経済産業省「令和三年経済センサス―活動調査」）。つまり、日本にある会社はほとんどが中小企業なのです。

それだけの数があるのだから、なかには、障害者雇用について積極的に取り組んでいる企業もあれば、考えたこともなかったという企業もあるでしょう。

もしかすると、「興味はあるけれど、どうすればよいのか、どんなことができるのかわからない」という企業は、少なくないのかもしれません。

もにす認定企業の取り組み状況を公表し、**他社が参考にして一歩踏み出すきっかけ**とすることも狙いの一つです。

三　もにす認定にメリットはあるの？

もにす認定を取得するためには、後述する手順での**申請手続きが必要**です。手間をかけて申請するだけの「うまみ」はあるのでしょうか。

ここでは、厚生労働省が公開している「メリット」について解説しましょう。

メリットその1　自社の商品や広告に「もにす認定マーク」を使用できる

もにす認定マークとは、冒頭でふれた愛称「もにす」が表示された「障害者雇用優良中小事業主認定マーク」のことです。

もにす認定を取得した企業は、次に挙げる**自社商品などに「もにす認定マーク」を付けることができます。**

【もにす認定マークを表示できる商品等】
・商品
・役務の提供の用に供する物
・商品、役務又は事業主の広告
・商品又は役務の取引に用いる書類又は電磁気的記録
・事業主の営業所、事務所その他の事業場
・インターネットを利用する方法により公衆の閲覧に供する情報
・労働者の募集の用に供する広告又は文書

自社製品や取り扱い商品、名刺やプレスリリース、ウェブサイトにも表示可能です。ただし、文字を含めた色や形の改変はできません。実際に使う際は、ルールを確認しておきましょう。

メリットその2 日本政策金融公庫の融資を低金利で受けられる

もにす認定事業主は、日本政策金融公庫の**「働き方改革推進支援資金」における低利融資の対象となります。**

「働き方改革推進資金支援」とは、長時間労働の是正や賃上げ、非正規雇用労働者の処遇改善、多様な人材の活用促進などに取り組む企業に対する支援制度です。

支援対象条件の一つ「多様な人材の活用」には、「障害者の雇用、または障害者に対する合理的配慮の提供に取り組む方」とあります。もにす認定事業主は、その条件をクリアしているため、より有利な支援を受けられます。詳しくは日本政策金融公庫の支店に問い合わせてください。

【働き方改革推進支援資金の概要（障害者雇用にかかる部分のみ抜粋）】

・支援対象者　障害者の雇用または障害者に対する合理的配慮の提供に取り組む人

・支援金使途　支援対象となる取り組みを実施するための設備資金・長期運転資金（建物等の更新に伴う一時的な施設等賃借資金を含む）

・融資限度額　直接貸付　七億二千万円

・返済期間　設備資金　二十年以内／運転資金　七年以内（据置期間二年以内）

・担保等　担保設定の有無、担保の種類、保証人の要不要等については相談後決定

メリットその3　ハローワークの求人票に認定マークが表示される

厚生労働省・都道府県労働局・ハローワークによる周知広報の対象として、次のような特典を受けられます。

【周知企画例】
・厚生労働省　厚生労働省ウェブサイト、職場情報総合サイト（しょくばらぼ）等に掲載　など
・労働局　各都道府県労働局ウェブサイトに掲載　など
・ハローワーク　求人票にもにす認定マークを表示、もにす認定企業限定の合同面接会開催　など

また、**認定通知書交付式の様子や取り組み内容について、地方紙への掲載などのメディア取材がおこなわれる場合もあります。**

今後、もにす認定企業が増えれば増えるほど、新たな企画が追加され、メリットを感じる場面もより増えるでしょう。

メリットその４　公共調達などにおける加点評価を受ける機会の増加

もにす認定事業主は、**「地方公共団体の公共調達」「国及び地方公共団体の補助事業」において加点評価を受けることができる**場合があります。詳しくは、公共調達を実施している地方公共団体などにご確認ください。

約束されたメリットと期待できる効果

もにす認定とは、自社の障害者雇用の取り組みが客観的に評価され、**国が「優良である」と認めた証**です。

その「もにす認定マーク」を商品や広告、名刺や自社公式サイトに表示することは、自社の取り組みを広く知ってもらうきっかけとなります。**信頼性やブランド力の向上も期待できる**でしょう。厚生労働省や都道府県労働局のウェブサイトといった公共性の高いメディアで紹介されることで、新しく認知してもらえる機会も増加します。

また、メリットその２でご紹介したように、すでに低利設定の「働き方改革推進支援資金」を、さらに優遇金利で利用できるというのは大きなメリットです。メリットその４でご紹介したように、**公共調達における加点評価を得る機会が増える**点も見逃せません。

今後、障害者雇用環境・待遇のさらなる改善に有効活用できるでしょう。

また、近年、職場を評価する言葉として「質」が注目されています。

職場環境の質は、従業員や求職者にとって重要な要素のひとつです。ところが、客観的に評価しづらく、言葉にも表しにくいものです。求人情報などから実態を読み取ることは、難しいでしょう。

しかし、もにす認定を取得したということは、**職場環境の質が高いことを国が認めている**ということにほかなりません。つまり、**ハローワークの求人票にもにす認定マークを表示することは、求職者に対する大きなアピールになる**のです。

同時に、**従業員にとっても誇りとなり、エンゲージメントやモチベーションが高まり、企業の生産性向上につながることも期待できる**のではないでしょうか。

もにす認定制度には、このような「うまみ」も用意されています。

では、どのような企業・事業主が認定されるのか、次項ではその申請基準を確認しましょう。

四　もにす認定事業主になる条件は？

第一の条件は、「**中小事業主**」**であること**です。

中小事業主の定義は、常時雇用する労働者が三〇〇人以下の事業主とされています。社会福祉法人など、株式会社以外の法人や、個人事業主でも申請可能です。

第二の条件として、次に挙げる主要な四つの認定基準をすべて満たさなければなりません。

〈認定基準〉
［1］障害者雇用への取り組み等に対する評価の【評価基準】（以下「評価基準」という）において、基準点以上を獲得すること
［2］雇用率制度の対象障害者を、法定雇用障害者数以上雇用していること

〔3〕雇用率制度の対象障害者を一名以上雇用していること（指定就労継続支援A型利用者を除く）
〔4〕欠格事由のいずれにも該当しないこと（欠格事由については一八三ページ～を参照）

ここから先は、四つの認定基準ごとに詳しく説明しましょう。

認定基準〔1〕
〈評価基準〉をクリアするために必要なこと

〔1〕【評価基準】において、基準点以上を獲得すること

【評価基準】は、三つの大項目「取組（アウトプット）」「成果（アウトカム）」「情報開示（ディスクロージャー）」に分かれています（詳細は次ページ以降に掲載）。

基準となる問いは全部で十七問。大項目ごとに点数を合計し、予め設定された基準点（合格最

低点）を上回れば、基準クリアとなります。

各項目で問われる内容を紹介しましょう。

Ⅰ．取組（アウトプット）

1　体制づくり　障害者雇用に関する体制が整っているか
2　仕事づくり　障害特性に配慮し、適切な仕事を選定・創出・発注しているか
3　環境づくり　募集・採用、働き方、キャリア形成などの環境整備はできているか

この項目では、障害者雇用に対して適切な準備ができているかどうかを評価します。
具体的には、障害特性に配慮した作業環境やマニュアルが用意されているか、従業員に対して障害者雇用の方針を発信しているかといった内容です。また、**障害者雇用に際して他企業の見学やセミナー受講を実施したこと、あるいは他企業からの見学を受け入れたことなども評価の対象**となります。十問二十点満点のうち、五点を獲得すればこのカテゴリは合格です。

Ⅱ．**成果（アウトカム）**

1　数的側面　障害者の雇用状況や定着状況

2　質的側面　従業員の満足度は高いか、人事・給与などの待遇は適切か

この項目では、障害者雇用の取り組みによって得た成果を評価します。**障害者雇用率や定着率、給与や人事にかかる処遇などが評価対象**です。また、**従業員に対する満足度アンケート結果**も反映されます。四問二十四点満点のうち、六点を獲得すればこのカテゴリは合格です。

一つの項目の最高点が六点と大きいため、高得点につながるポイントとなるでしょう。

Ⅲ．**情報開示（ディスクロージャー）**

1　取組（アウトプット）　体制・仕事・環境づくりに関する取り組み内容を厚生労働省・労働局のウェブサイトに掲載
毎年、労働局に更新情報の報告

2　成果（アウトカム）　雇用状況・定着状況などに関する取り組み内容を厚生労働省・労働局のウェブサイトに掲載

毎年、労働局に更新情報の報告

この項目は、もにす認定取得後に、自社情報を厚生労働省・労働局のウェブサイトに掲載することの許諾と、毎年情報を更新することの誓約です。三問六点満点のうち、二点を獲得すれば、このカテゴリは合格となります。

「中小企業」とひとくちに言っても、その業種や業態はさまざまです。そのため、【評価基準】も多角的な視点で設定されています。自社だけの視点で見ると関係ない項目が多いと感じるかもしれません。しかし、だからこそ合格基準点を低く設定するなどバランス調整がされています。

一九六〜一九九ページには、実際の申請に用いられる内容で作成された【評価基準】の点数表を用意しました。ぜひ、気軽に自己採点してみてください。

認定基準［2］および［3］

雇用障害者数をクリアするために必要なこと

［2］雇用率制度の対象障害者を、法定雇用障害者数以上雇用していること
［3］雇用率制度の対象障害者を一名以上雇用していること（指定就労継続支援A型利用者を除く）

従業員を四十三・五人以上雇用している事業主は、障害者を一人以上雇用しなければならないと「障害者雇用促進法」によって定められています。その雇用割合を「法定障害者雇用率」といい、二〇二三年六月における民間企業の法定雇用率は二・三パーセントです。

この数字は、常時雇用する労働者に対する障害者の割合を基準に設定されており、その推移を勘案して原則五年ごとに見直すことが決まっています。今後は、段階的に引き上げられ、二〇二四年度に二・五パーセント、二〇二六年度に二・七パーセントになる予定です。

また、従業員数が四十三・五人未満の中小企業には、法定障害者雇用人数の定めがありません。

しかし、もにす認定を申請する際は、従業員数が四十三・五人未満で、法定雇用人数が〇人で

あっても雇用率制度の対象障害者を一人以上雇用しなければなりません。

◆特例子会社、あるいはその親会社の場合

もにす認定を申請する際は、申請する事業主が単独で法定雇用率以上の障害者雇用をしなければなりません。特例子会社制度、関係会社特例制度、関係子会社特例制度、または事業協同組合特例制度を利用している親会社・事業協同組合の場合は、これらの制度を適用せずに法定人数の障害者を雇用する必要があります。

また、特例子会社が単独でもにす認定を申請する場合も、特例子会社制度、または関係会社特例制度により、親事業主も法定人数以上の障害者を雇用していることが必要です。

◆就労継続支援A型事業所を運営している場合

指定就労継続支援A型事業所を運営している事業主においては、**A型事業所の利用者以外の雇用率制度の対象障害者を雇用**していなければなりません。また、従業員数が四十三・五人未満で、法定雇用人数が〇人となる事業主であっても、一人以上のA型事業所の利用者以外の雇用率制度の対象障害者の雇用が必要です。

いずれのケースも、申請時点で雇用していた障害者が離職するなどして、障害者雇用数が〇人になった場合は条件未達となります。

認定基準［4］

〈欠格事由〉に注意

①認定取消後の再申請は、取消日から起算して三年を経過しないこと（取り消し日より前に認定の辞退を申し出た者を除く）
②暴力団関係事業主である者
③風俗営業等関係事業主である者
④雇用関係助成金等の支給要件を満たさなくなった者
⑤重大な労働関係法令違反があると認められる者

認定基準や雇用状況をクリアしていても、①から⑤の欠格事由のいずれかに該当する場合は申請できません。過去に該当したが現在は非該当というケースでも、それぞれの状況に応じた経過期間を必要とします。事前にしっかりと確認しておくと安心です。

また、ここまで説明してきた条件以外にも、もにす認定事業主となるための要件が生じるケースがあります。国内景気や社会情勢などにより改定がおこなわれることもあるでしょう。

五　もにす認定事業主になるためには、どんな手続きが必要？

四つの認定基準をクリアしたら、申請手続きに進みましょう。

まずは、申請に必要な書類の準備です。**厚生労働省のウェブサイトにも書式のダウンロードページが用意されており、**時間を選ばずに利用できるため便利です。

【もにす認定制度申請書類】
①基準適合事業主認定申請書（告示様式第7号の8）
②認定基準確認申立書（申請書別紙1―1）
③障害者業務提供等事業の利用に係る該当申告書（申請書別紙1―2）

④評価基準自己採点表（申請書別紙2）
⑤評価要素該当申告書（申請書別紙3）
⑥就労支援機関等による評価基準該当証明書（申請書別紙4）
⑦障害者雇用状況報告書
⑧在宅就業契約報告書
⑨発注証明書（在宅就業契約報告書）
（厚生労働省・障害者雇用に関する優良な中小事業主に対する認定制度（もにす認定制度）「4．認定事業主となるための手続き」（https://www.mhlw.go.jp/stf/monisu.html）より

必要書類の一覧はこの通りですが、それぞの状況によって不要なものもあります。また、場合によっては外部機関に作成を依頼するものもあるため、申請には時間的な余裕を持っておくと安心です。

では、書類について一つずつ紹介していきましょう。

①基準適合事業主認定申請書（告示様式第7号の8）

「もにす認定制度の認定を受けたいので申請します」という内容の書類です（図1）。事業主の氏名・事業内容・住所などの基本的な情報を記します。

②認定基準確認申立書（申請書別紙1―1）

「四、もにす認定事業主になる条件は？」（一七六ページ～）でふれた四つの認定基準に該当することを申告するための書類です（図2）。**認定基準の点数、障害者雇用の人数、特例子会社や指**

（日本産業規格A列4）
様式第7号の8（第5条の7関係）

基準適合事業主認定申請書

申請年月日　　令和　　年　　月　　日

都道府県労働局長　殿

（ふりがな）
事業主の氏名又は名称

（ふりがな）
（法人の場合）代表者の氏名
主たる事業（産業分類番号：　　）
（項目名：　　）
（事業の内容：　　）

住所　〒

電話番号

障害者の雇用の促進等に関する法律第77条第1項の認定を受けたいので、別紙書類を添えて申請します。

〔注意〕
1　「申請年月日」欄は、都道府県労働局長に基準適合事業主認定申請書を提出する年月日を記載すること。
2　事業主が法人の場合にあっては、「住所」欄については主たる事務所の所在地を、「電話番号」欄については主たる事務所の電話番号を記載すること。
3　「主たる事業」欄は、日本標準産業分類の中分類により、産業分類番号及びその項目名を記載し、加えて、例えば「ボール盤製造業」、「自動車ボデーのプレス加工」等のように当該事業の内容を詳しく記載すること。

図1　基準適合事業主認定申請書

報告様式3号（認定基準確認申立書）（表面）

障害者雇用に関する優良な中小企業事業主に対する認定制度　認定基準確認申立書

以下のとおり、障害者の雇用の促進等に関する法律施行規則（昭和51年労働省令第38号。以下「施行規則」という。）第36条の17に定める基準に適合することを申告します。

1 施行規則第36条の17第1号から第4号に定める障害者の雇用の促進及び雇用の安定に関する取組等に対する評価は以下のとおりです。

	項目	点数
①	Ⅰ取組（アウトプット）	点
②	Ⅱ成果（アウトカム）	点
③	Ⅲ情報開示（ディスクロージャー）	点
④	合　計	点

⑤	特例子会社	該当	非該当
⑥	指定就労継続支援A型	該当	非該当

2 施行規則第36条の17第5号に定める対象障害者の雇用の状況については以下のとおりです。

①	常時雇用する労働者の数	人
②	法定雇用障害者数の算定基礎となる労働者の数	人
③	法定雇用障害者数	人
④	対象障害者である労働者の数	人
⑤	④のうち、指定就労継続支援A型を受ける者を除いた数	人

3 施行規則第36条の17第6号に掲げる者への該当の状況は以下のとおりです。

①	障害者の雇用の促進等に関する法律（昭和35年法律第123号。以下「障害者雇用促進法」という。）第77条の3の規定により認定を取り消され、その取消しの日から起算して3年を経過しない者（施行規則第36条の17第1号から第5号に定める基準に該当しないことにより、当該取消しの日前に施行規則第36条の19の規定による辞退の申出をした者を除く。）	該当	非該当
②	暴力団員による不当な行為の防止等に関する法律（平成3年法律第77号）第2条第6号に規定する暴力団員若しくは暴力団員でなくなった日から5年を経過しない者（以下「暴力団員等」という。）、暴力団員等がその事業活動を支配する者又は暴力団員等をその業務に従事させ、若しくは当該業務の補助者として使用するおそれのある者	該当	非該当
③	風俗営業等の規制及び業務の適正化等に関する法律（昭和23年法律第122号）第2条第1項に規定する風俗営業又は同条第5項に規定する性風俗関連特殊営業に該当する事業を行う者	該当	非該当
④	偽りその他不正の行為により雇用に係る国の助成金、補助金又は給付金（以下「雇用関係助成金等」という。）の支給を受け、又は受けようとしたこと等により、当該雇用関係助成金等の支給要件を満たさなくなった者	該当	非該当
⑤	障害者雇用促進法又は法に基づく命令その他関係法令に違反する重大な事実があると認められる者	該当	非該当

4 障害者業務提供等事業の利用に係る障害者雇用を　□行っていません／□行っています。

※各欄の記入方法は裏面を参照ください。

提出日　　年　月　日
補正日　　年　月　日

労働局長　殿

事業主 氏名又は名称	
申請担当者氏名	
電話番号	
メールアドレス	

※管轄労働局確認欄
受理日：　　年　月　日　　補正受理日：　　年　月　日

図2　認定基準確認申立書

定就労継続支援A型事業所に該当するのかどうか、**欠格事由に非該当かどうかを記入**します。

③障害者業務提供等事業の利用に係る該当申告書（申請書別紙1―2）

申請する事業主が障害者業務提供等事業(※)を利用しているかどうかを申告する書類です（図3）。

※障害者雇用に係る企業向けの支援として、障害者の就業場所および業務の提供等を行う事業。

④評価基準自己採点表（申請書別紙2）

「四、もにす認定事業主になる条件は？」でふれた**認定基準について自己採点した点数を申告す**

申請書別紙1－2

障害者業務提供等事業の利用に係る該当申告書

都道府県労働局長　殿

障害者の雇用の促進等に関する法律第77条第1項に基づく認定を受けるための申請にあたり、下記のとおり申告します。

記

（申請事業主の氏名又は名称）＿＿＿＿＿＿＿＿＿＿においては、
障害者業務提供等事業の利用に係る障害者雇用を　□ 行っていません ／ □ 行っています。

※　記について、下線部の「申請事業主の氏名又は名称」を記載し、チェックボックスの該当する一方にチェックすること。
※　障害者業務提供等事業とは、障害者雇用に係る企業向けの支援として、障害者が特定の業務に従事するための就業場所（農園等）の提供を行う事業又は障害者の就業場所（サテライトオフィス等）の提供と併せて業務の委託や訓練の実施等により障害者が従事すべき業務の提供等を行う事業を指す。
※　上記において、「行っています」にチェックした場合は、以下表内に、①障害者業務提供等事業者名、②障害者業務提供等事業者が提供する就業場所名及び所在地住所、③当該就業場所で就業する障害者である労働者の人数、④当該就業場所における具体的な業務内容を記載すること。（当該就業場所等を複数利用している場合は、就業場所ごとにそれぞれ記載すること。）

①事業者名	②就業場所名・住所	③就業場所で就業する障害者数	④就業場所における具体的な業務

図3　障害者業務提供等事業の利用に係る該当申告書

申請書別紙2（総括表）

評価基準自己採点表（総括表）

Ⅰ 取組（アウトプット）に関する評価

大項目	中項目	小項目	得点
Ⅰ 取組（アウトプット）	1 体制づくり	①組織面	
		②人材面	
	2 仕事づくり	③事業創出	
		④職務選定・創出	
		⑤障害者就労施設等への発注	
	3 環境づくり	⑥職務環境	
		⑦募集・採用	
		⑧働き方	
		⑨キャリア形成	
		⑩その他の雇用管理	
Ⅰ 取組（アウトプット）の合計得点			

Ⅱ 成果（アウトカム）に関する評価

大項目	中項目	小項目	得点
Ⅱ 成果（アウトカム）	1 数的側面	⑪雇用状況	
		⑫定着状況	
	2 質的側面	⑬満足度、ワーク・エンゲージメント	
		⑭キャリア形成	
Ⅱ 成果（アウトカム）の合計得点			

Ⅲ 情報開示（ディスクロージャー）に関する評価

大項目	中項目	小項目	得点
Ⅲ 情報開示（ディスクロージャー）	1 取組（アウトプット）	⑮体制・仕事・環境づくり	
	2 成果（アウトカム）	⑯数的側面	
		⑰質的側面	
Ⅲ 情報開示（ディスクロージャー）の合計得点			

Ⅰ～Ⅲの合計得点	

［記入上の注意］
ⅠからⅢの「得点」欄は、個票－Ⅰ、個票－Ⅱ及び個票－Ⅲにおいて自己採点したそれぞれの点数を記入してください。

図4　評価基準自己採点表(総括表)

る書類です（図4）。最初に大項目ごとの内訳、次に、小項目ごとに何が何点だったのかを記入します。

⑤評価要素該当申告書（申請書別紙3）

認定基準の自己採点について**「この評価要素に該当すると考える具体的な取り組み内容」を詳しく記入する書類**です（図5）。該当しない項目は記入する必要はありません。

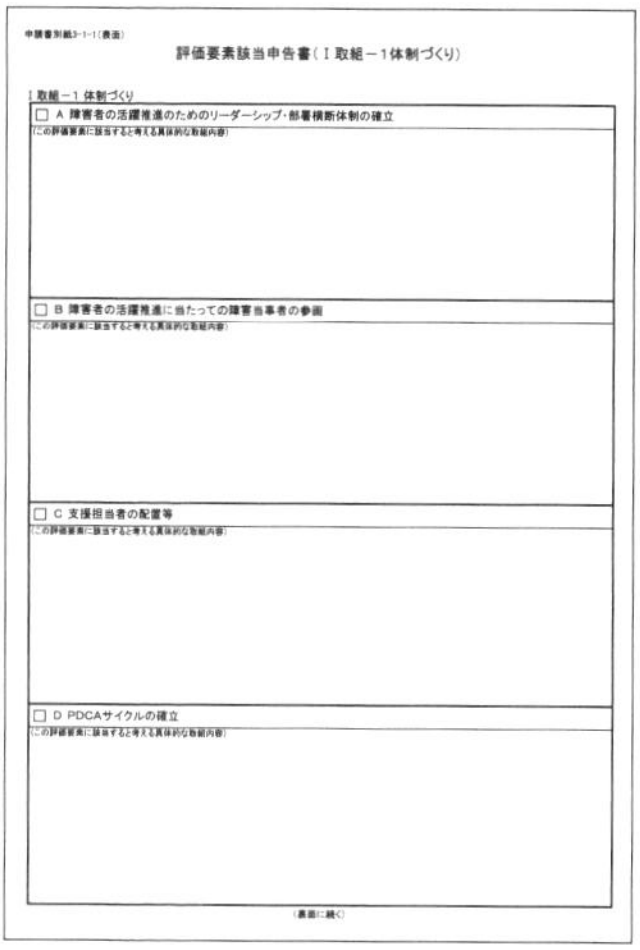

申請書別紙3-1-1（表面）

評価要素該当申告書（Ⅰ取組－1体制づくり）

Ⅰ取組－1 体制づくり

□ A 障害者の活躍推進のためのリーダーシップ・部署横断体制の確立
（この評価要素に該当すると考える具体的な取組内容）

□ B 障害者の活躍推進に当たっての障害当事者の参画
（この評価要素に該当すると考える具体的な取組内容）

□ C 支援担当者の配置等
（この評価要素に該当すると考える具体的な取組内容）

□ D PDCAサイクルの確立
（この評価要素に該当すると考える具体的な取組内容）

（裏面に続く）

図5　評価要素該当申告書(詳細)

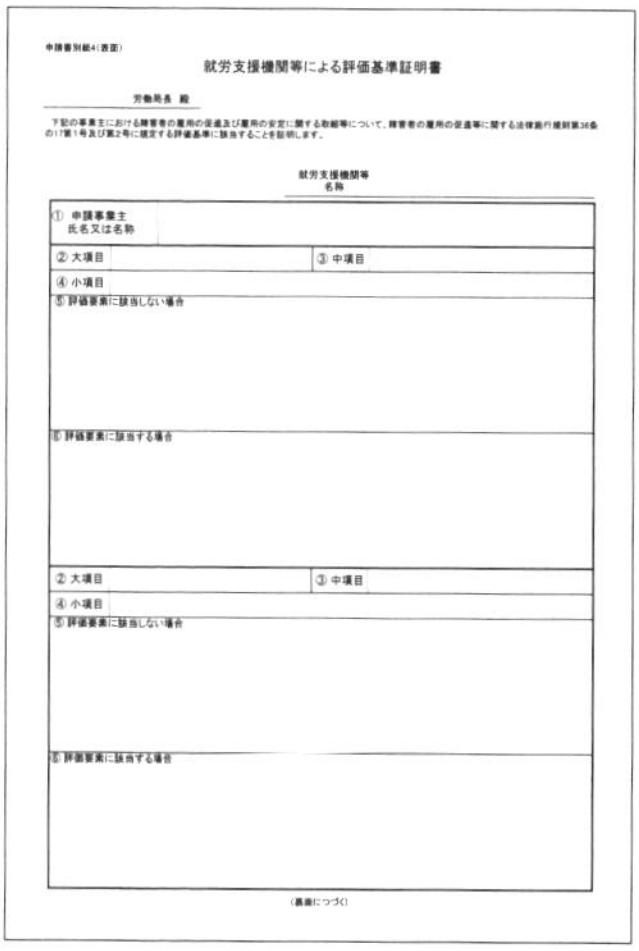

申請書別紙4（表面）

就労支援機関等による評価基準証明書

労働局長　殿

下記の事業主における障害者の雇用の促進及び雇用の安定に関する取組等について、障害者の雇用の促進等に関する法律施行規則第36条の17第1号及び第2号に規定する評価基準に該当することを証明します。

就労支援機関等
名称

① 申請事業主
氏名又は名称
② 大項目　③ 中項目
④ 小項目
⑤ 評価要素に該当しない場合
⑥ 評価要素に該当する場合
② 大項目　③ 中項目
④ 小項目
⑤ 評価要素に該当しない場合
⑥ 評価要素に該当する場合

（裏面につづく）

図6　就労支援機関等による評価基準該当証明書

⑥就労支援機関等による評価基準該当証明書（申請書別紙４）

地域障害者職業センターや障害者就業・生活支援センター、指定障害福祉サービス事業者等の就労支援機関に、**評価基準に該当していることを証明してもらう仕組みを利用する場合に限り使用する書類**です（図６）。**複数の機関に証明を依頼する場合は、就労支援機関一つにつき一部**となります。

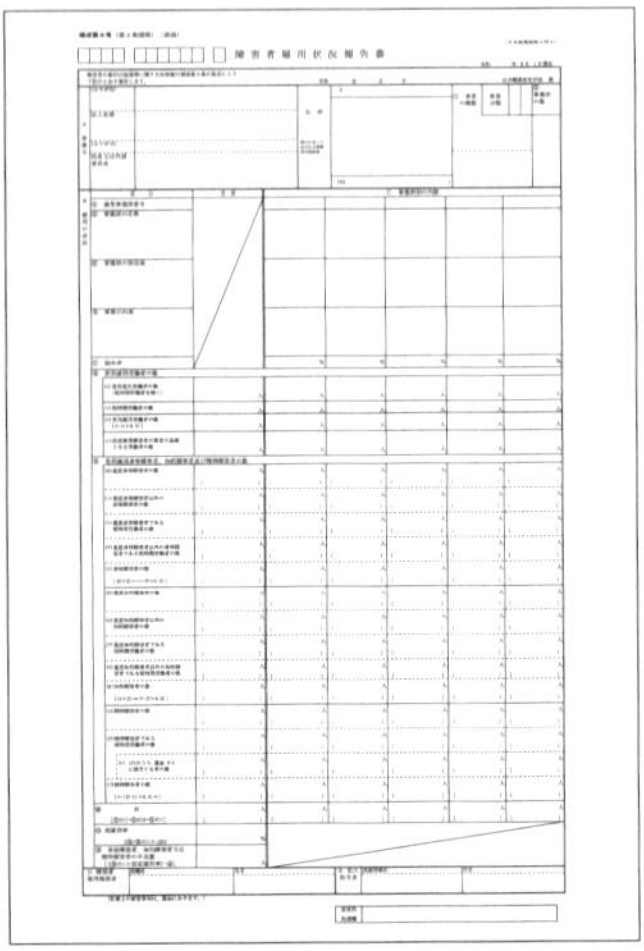
図７　障害者雇用状況報告書

⑦障害者雇用状況報告書

障害者雇用の状況について報告するための書類です（図７）。申請日の前日から起算して過去一年以内に作成・提出している事業主については、改めて提出する必要はありません。

また、**申請事業主が特例子会社の場合は、特例子会社と親会社双方の報告書が必要**です。同様に、企業グループ算定特例制度を利用している場合は関係子会社と親事業主、事業協同組合算定特例を利用する場合は特定事業者と事業協同組合など、合計二通の報告書が必要となります。

それぞれに専用紙があるため、注意しましょう。なお、障害者雇用状況報告を作成していない事業主にあっては、申請日時点の状況について障害者雇用状況報告書（告示様式第6号）および別紙に記入し、提出してください。

⑧在宅就業契約報告書／⑨発注証明書（在宅就業契約報告書）

【評価基準】のⅠ取組「⑤障害者就労施設等への発注」に該当し、**在宅就業障害者に発注している場合のみ必要な報告書**です（図8）。

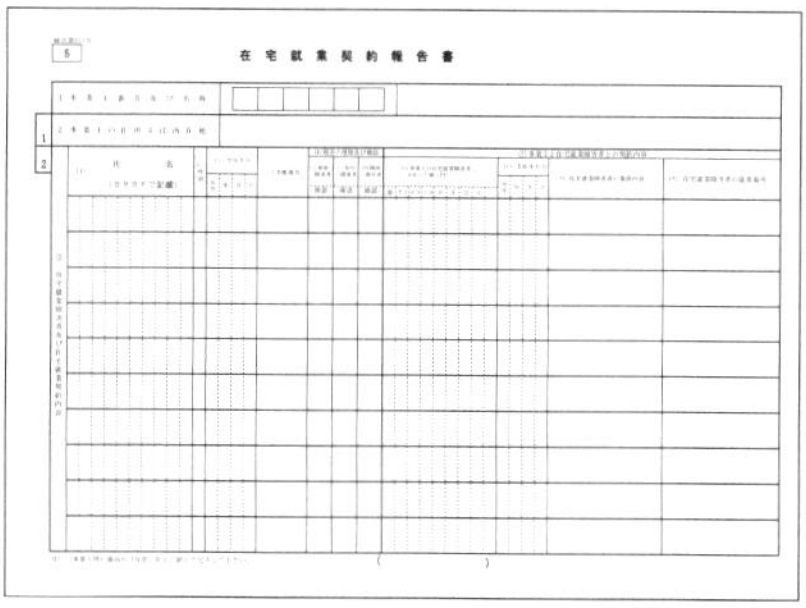
在宅就業契約報告書

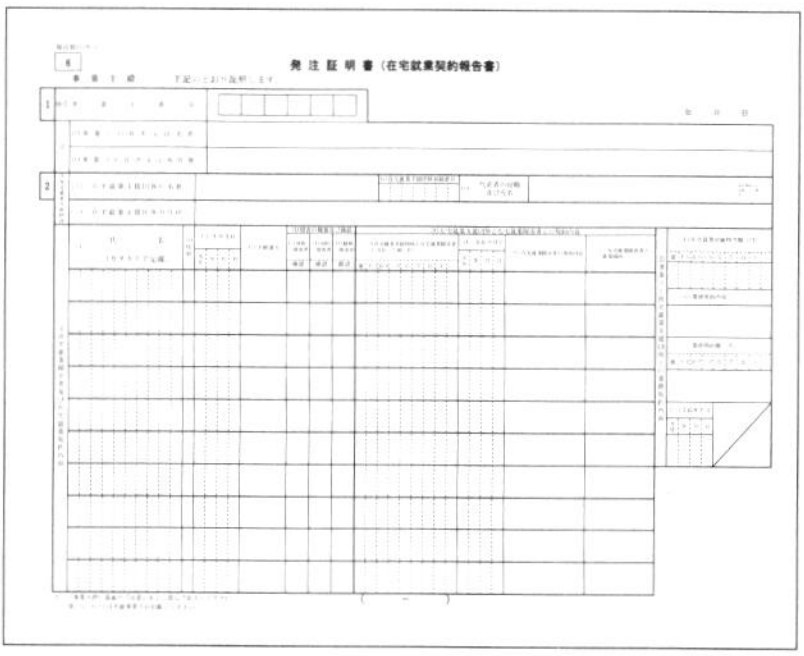
発注証明書（在宅就業契約報告書）

図8　在宅就業契約報告書（上）、発注証明書（在宅就業契約報告書）（下）

六　申請書類を提出してからの流れ

必要書類をそろえたら、事業主の主たる事業所を管轄する都道府県労働局に提出しましょう。

認定審査期間は、三カ月程度です。その間、労働局職員が事業所を訪問し、ヒアリングをおこないます。

労働局職員の訪問と聞くと、厳しく質問される様子を想像する人もいるかもしれません。しかし、**実際は申請内容と合致する部分を見学するといったほうが近い**でしょう。また、第2章で紹介した企業が言っていたように「ここを申請すればもっと点数が上がりますよ」「ここの証明は、この書類でできますよ」などとアドバイスしてもらえることもあるようです。

審査の結果、認定基準を満たしていることが確認されると、各都道府県労働局から「認定証」が交付されます。

もにす認定の有効期限

もにす認定制度には、有効期限は設けられていません。

そのため、基準を満たせなくなるなどにより認定を取り消されるか、あるいは事業主自身が認定を辞退しないかぎり有効です。

認定後の継続的な報告など

認定基準において、認定申請内容の更新情報を厚生労働省に報告することを誓約した事業主は、認定後毎年六月一日時点の該当情報を労働局に提出しなければなりません。

その他の認定事業主については、定期的な報告は不要です。しかし、労働者からハローワークへの通報などがあった場合は、必要に応じて確認がおこなわれることがあります。

七　もにす認定の先に広がるもの

もにす認定がスタートして三年が経過しました。認定事業主は一〇〇社を超え、じわじわと浸透し始めているのを感じます。しかし、中小企業数を考えるとまだまだ一部にすぎません。一気に広まらない理由は、先人の体験を聞く機会が少ないからではないかと考えました。

この本では、五人のもにす認定事業主にインタビューをしています。もにす認定を取得するまでの経緯や認定後の変化、メリットの実感などをうかがいました。さらに、障害者雇用のきっかけや具体的な取り組み内容、他の従業員の声、苦労したこと、よかったこと、これからのことなど、いろいろなお話も聞いています。どのお話も、五人五色の貴重な実体験ばかりです。

もにす認定の先に、どのような未来が広がっているのか。ともに、確かめてみませんか。

（資料１）もにす認定　評価基準

障害者雇用優良中小事業主認定制度　　（作成：北海道労働局）

「もにす認定制度」チェックリスト

□ 常時雇用する労働者が300人以下の事業主であること。
□ 取組等に対する評価基準を満たしていること（下記表Ⅰ～Ⅲの合計得点が20点以上（特例子会社は35点以上））。
□ 法定雇用率（2.3%）を達成していること。
　雇用義務がない場合でも、雇用率制度の対象となる障害者（就労継続支援A型事業所の利用者は除く）を
　1名以上雇用していること。
□ 障害者雇用促進法と同法に基づく命令その他の関係法令に違反する重大な事実がないこと。
※ このほかにも条件がありますのでご確認のうえ、申請願います。

自己採点してみましょう

集計表「Ⅰ 取組（アウトプット）に関する評価」

大項目	中項目	小項目	得点
Ⅰ 取組（アウトプット）	1 体制づくり	①組織面	
		②人材面	
	2 仕事づくり	③事業創出	
		④職務選定・創出	
		⑤障害者就労施設等への発注	
	3 環境づくり	⑥職務環境	
		⑦募集・採用	
		⑧働き方	
		⑨キャリア形成	
		⑩その他の雇用管理	
		Ⅰ 取組（アウトプット）の合計得点（A）	

この項目の合格最低点は５点です

「Ⅱ 成果（アウトカム）に関する評価」

大項目	中項目	小項目	得点
Ⅱ 成果（アウトカム）	1 数的側面	⑪雇用状況	
		⑫定着状況	
	2 質的側面	⑬満足度、ワーク・エンゲージメント	
		⑭キャリア形成	
		Ⅱ 成果（アウトカム）の合計得点（B）	

この項目の合格最低点は６点です

「Ⅲ 情報開示（ディスクロージャー）に関する評価」

大項目	中項目	小項目	得点
Ⅲ 情報開示（ディスクロージャー）	1 取組（アウトプット）	⑮体制・仕事・環境づくり	
	2 成果（アウトカム）	⑯数的側面	
		⑰質的側面	
		Ⅲ 情報開示（ディスクロージャー）の合計得点（C）	

この項目の合格最低点は２点です

		(A)+(B)+(C)
Ⅰ～Ⅲの合計得点	合計で２０点以上が必要です（特例子会社は35点以上）	

［記入上の注意］ⅠからⅢの「得点」欄は、2P～5P（Ⅰ～Ⅲ）において自己採点したそれぞれの点数を記入してください。

20221001

Ⅰ 取組（アウトプット）

［記入上の注意］

「評価要素」欄の該当する項目（詳細は下記URL「障害者雇用に関する優良な中小事業主に対する認定制度 申請マニュアル（事業主向け）」の第4章を参照）をチェックし、対応する「評価基準・評価方法」欄の記載に従って表紙の「集計表」の「得点」欄に点数を記入してください。

1 体制づくり

小項目	評価基準・評価方法	評価要素
①組織面	特に優良：2点 （評価要素A～Dのうち2つ以上に該当）	□ A 障害者の活躍推進のためのリーダーシップ・部署横断体制の確立（トップによる障害者雇用の方針・メッセージの発信。雇用推進チーム・会議体等の設置） □ B 障害者の活躍推進に当たっての障害当事者の参画（雇用推進チーム・会議体等の構成員としての参画。障害者雇用推進者・職業生活相談員等へ選任）
	優良：1点 （評価要素A～Dのうち1つに該当）	□ C 支援担当者の配置等（支援担当者の配置・日常的支援の実施。ジョブコーチ・指導員等の配置・委嘱） □ D PDCAサイクルの確立（障害者の活躍のための推進計画の作成（原則、1年以上）＋当該計画の分析・課題設定・対策実施）
②人材面	特に優良：2点 （評価要素E～Gのうち2つ以上に該当）	□ E 専門的な外部研修・セミナーの活用（在職社員のジョブコーチ・指導員等への養成。外部研修・セミナーの受講（過去1年間に1回以上）） □ F 専門的な社内研修の充実（業務指導や職業生活上の相談支援のノウハウ等の向上を目的とした社内研修の実施（過去1年間に1回以上））
	優良：1点 （評価要素E～Gのうち1つに該当）	□ G 理解促進・啓発の充実（従業員対象の基礎的な研修・セミナー等の実施（過去1年間に1回以上））

2 仕事づくり

小項目	評価基準・評価方法	評価要素
③事業創出	特に優良：2点 （評価要素A～Cのうち1つ以上に該当）	□ A 過去2年間のいずれかの年で経常利益が黒字 □ B 過去3年間のいずれかの年で売上高対経常利益率が3％以上 □ C 過去10年間に、障害者雇用により新事業を創出（新たな事業を行うための部署・事業所を設置し、障害者を継続して配置＋現在も事業継続）
	優良：1点 （評価要素D・Eのうち1つ以上に該当）	□ D 過去3年間のいずれかの年で経常利益が黒字 □ E 過去4年間のいずれかの年で売上高対経常利益率が3％以上
④職務選定・創出	特に優良：2点 （評価要素F・Gの2つに該当）	□ F 過去3年以内に、障害特性に配慮した職務を選定・創出（職務整理票等の活用。組織内ヒアリング・アンケートの実施。HWや就労支援機関との連携）
	優良：1点 （評価要素F・Gのうち1つに該当）	□ G 適切な方法により個々の障害特性に配慮した職務をマッチング（HWや就労支援機関との連携・JCの活用による能力・適性の把握、マッチング）
⑤障害者就労施設等への発注	特に優良：2点 （評価要素H・Iの1つ以上に該当）	□ H 過去5年間のうち3年以上、障害者就労施設に対して年間100万円以上の業務を発注 □ I 過去5年間のうち3年以上、在宅就業障害者等に対して年間100万円以上の業務を発注
	優良：1点 （評価要素J・Kの1つ以上に該当）	□ J 過去3年間のうち1年以上、障害者就労施設に対して年間100万円以上の業務を発注 □ K 過去3年間のうち1年以上、在宅就業障害者等に対して年間100万円以上の業務を発注

事業主向け申請マニュアル

https://www.mhlw.go.jp/content/11700000/000848642.pdf

3 環境づくり

小項目	評価基準・評価方法	評価要素
⑥職務環境	特に優良：2点 （評価要素A～Cのうち2つ以上に該当） 優良：1点 （評価要素A～Cのうち1つに該当）	☐ A 障害特性に配慮した作業施設・設備等の整備（作業施設・設備、福利厚生施設の整備。就労支援機器の導入。事業所内レイアウトの工夫） ☐ B 障害特性に配慮した作業マニュアルのカスタマイズ、作業手順の簡素化 ☐ C その他の健康管理・福利厚生（面談・相談、保健指導等（食事・睡眠等への助言、服薬管理等）。表彰等、余暇活動の取組等。）
⑦募集・採用	特に優良：2点 （評価要素D～Gのうち2つ以上に該当） 優良：1点 （評価要素D～Gのうち1つに該当）	☐ D 障害者の職場実習生の受入れ（過去3年間で1回以上実施。実施日数不問。要担当者配置。） ☐ E 障害者雇用に関する先進的な他企業の見学・ヒアリングの実施（過去3年間で1回以上実施。就労支援機関への見学・ヒアリングを含む。） ☐ F 他企業からの障害者雇用に関する見学の受入れ（過去3年間で1回以上実施。） ☐ G 障害者雇用に関するセミナー講師や企業指導等の実施（過去3年間で1回以上実施。）
⑧働き方	特に優良：2点 （評価要素H～Oのうち4つ以上に該当） ※H～Nについては、障害者が適用される規定を整備し（利用者は、必ずしも障害者に限定したものである必要はない）、かつ過去3年間で障害者の利用実績がある場合に、それぞれ1要素として評価。ただし、障害者が適用される規定を整備したのみ又は過去3年間で障害者の利用実績があるのみである場合は、それぞれ1/2要素として評価。（以下同じ。） ※HからNの各欄中の括弧内において「1要素」又は「1/2要素」のいずれか該当する方に○を付してください。 優良：1点 （評価要素H～Oのうち2つ以上3つ以下に該当）	☐ H テレワーク制度の整備・活用（1要素／1/2要素）（テレワーク：1週間の所定労働時間の概ね1/2以上、情報通信技術を活用して勤務等） ☐ I フレックスタイム制度の整備・活用（1要素／1/2要素） ☐ J 時差出勤制度の整備・活用（1要素／1/2要素）（時差出勤：1日の総勤務時間を変えずに、始業時間と就業時間を変更する措置等） ☐ K 短時間勤務制度の整備・活用（1要素／1/2要素） ☐ L 時間単位の年次有給休暇制度の整備・活用（1要素／1/2要素） ☐ M 傷病休暇又は病気休暇制度の整備・活用（1要素／1/2要素）（休暇制度：労働者側に取得する権利が委ねられているもの。） ☐ N その他、障害特性に配慮した制度・仕組みの整備・活用（1要素／1/2要素）（上記H～Mまでの制度・仕組み以外のもの） ☐ O 治療と仕事の両立支援プラン又は職場復帰プランの策定・実施の実績がある（過去5年間に個別の障害者を対象としたプランの策定等の実績が必要）
⑨キャリア形成	特に優良：2点 （評価要素P～Rのうち2つ以上に該当） 優良：1点 （評価要素P～Rのうち1つに該当）	☐ P 障害者一人一人のキャリアプラン（支援計画）の作成（雇用しているすべての障害者にプランを作成し、面談等によるフィードバックを行うことが必要。一人でも作成していない障害者がいる場合、不該当。） ☐ Q 教育訓練制度の整備・活用（資格取得制度、自己啓発支援制度の仕組みを整備し、過去3年間での障害者の利用実績必要） ☐ R 人事・給与制度の明確化（昇給・昇格・賞与の評価基準があり、事業所内での公開が必要。一般社員と同じルールで賃金等決めることが基本。）
⑩その他の雇用管理	特に優良：2点 （評価要素S～Vのうち2つ以上に該当） 優良：1点 （評価要素S～Vのうち1つに該当）	☐ S 障害者の業務管理等のための日報の作成（雇用しているすべての障害者に日報を作成し、業務管理、体調把握等を行うことが必要。一人でも作成していない障害者がいる場合、不該当。） ☐ T 過去3年間に、職場介助者又は手話通訳・要約筆記等担当者の手配を実施（過去3年間に手配の実績必要） ☐ U 過去3年間に、障害特性に応じた通勤配慮を実施（過去3年間に手配の実績必要） ☐ V 過去3年間に、障害者の職場定着のための外部機関との連携・社会資源の活用を実施（過去3年間に支援の受け入れや連携できる関係の構築等実績が必要）

Ⅱ成果（アウトカム）

1 数的側面

小項目	評価基準・評価方法	評価要素
⑪雇用状況 ※申請日時点又は直近の6月1日時点	特に優良：6点 （評価要素A・Bのうち1つ以上に該当）	□ A 実雇用率が法定雇用率の3倍以上（6.9%以上）
		□ B 除外率適用前の実雇用率が法定雇用率以上
	優良：4点 （評価要素C・Dのうち1つ以上に該当）	□ C 実雇用率が法定雇用率の2倍以上（4.6%以上）
		□ D 除外率適用前の実雇用率で障害者不足数ゼロ
	良：2点 （評価要素E・Fのうち1つ以上に該当）	□ E 実雇用率が法定雇用率以上（2.3%以上）
		□ F 過去3年間障害者不足数ゼロ
⑫定着状況	特に優良：6点 （評価要素G～Jのうち2つ以上に該当）	□ G 過去3年間に雇い入れた障害者の雇入後6か月経過時点の定着率が90%以上
		□ H 過去3年間に雇い入れた障害者の雇入後1年経過時点の定着率が80%以上
	優良：4点 （評価要素G～Jのうち1つに該当）	□ I 従業員全体の平均勤続年数に対して、障害者の平均勤続年数が同等以上（ただし、下記Mであることが必要）
		□ J 障害者の平均勤続年数が10年以上、又は勤続年数が10年以上の障害者が半数以上
	良：2点 （評価要素K～Mのうち1つ以上に該当）	□ K 過去3年間に雇い入れた障害者の雇入後6か月経過時点の定着率が80%以上
		□ L 過去3年間に雇い入れた障害者の雇入後1年経過時点の定着率が70%以上
		□ M 障害者の平均勤続年数が5年以上、又は勤続年数が5年以上の障害者が半数以上

2 質的側面

小項目	評価基準・評価方法	評価要素
⑬満足度・エンゲージメント 肯定的な回答（例）：3段階評価→上位1つ、4段階・5段階評価→上位2つ	特に優良：6点 （評価要素Aに該当）	□ A 従業員を対象として、仕事に対する満足度又はワーク・エンゲージメントに関する調査を毎年1回以上実施しており、その結果が特に優良（直近3回のいずれの調査結果も障害者の肯定的回答8割以上）
	優良：4点 （評価要素Bに該当）	□ B 従業員を対象として、仕事に対する満足度又はワーク・エンゲージメントに関する調査を毎年1回以上実施しており、その結果が優良（直近3回のいずれの調査結果も障害者の肯定的回答6割以上 ＋ いずれかの調査結果で障害者の肯定的回答8割以上）
	良：2点 （評価要素Cに該当）	□ C 従業員を対象として、仕事に対する満足度又はワーク・エンゲージメントに関する調査を毎年1回以上実施しており、その結果が良（直近3回のいずれの調査結果も障害者の肯定的回答6割以上）
⑭キャリア形成	特に優良：6点 （評価要素D～Fのうち2つ以上に該当） ※Dへの該当は2要素分として評価。	□ D 人事に関する処遇が特に優良(2要素分)（管理職の障害者等が申請時点で1人以上在籍）
		□ E 賃金に関する処遇が特に優良（平均賃金、又は半数の平均賃金が最低賃金より2割以上高い、平均年収が3年間で1割以上上昇）
		□ F その他のキャリア形成に関する実績（職域拡大・正社員化・労働時間延長等）がある
	優良：4点 （評価要素G～Iのうち2つ以上に該当） ※Gへの該当は2要素分として評価。	□ G 人事に関する処遇が優良(2要素分)（就業規則、賃金規定等で定められた（管理職以外の）役職に就いた障害者等が申請時点で1人以上在籍）
		□ H 賃金に関する処遇が優良（平均賃金、又は半数の平均賃金が最低賃金より1割以上高い、平均年収が3年間で5分以上上昇）
		□ I その他のキャリア形成に関する実績（職域拡大・正社員化・労働時間延長等）がある（上記Fと同じ）
	良：2点 （評価要素J～Lのうち2つ以上に該当）	□ J 人事に関する処遇が良（就業規則、賃金規定等で定められた役職ではないがリーダー等に任命された障害者等が申請時点で1人以上在籍）
		□ K 賃金に関する処遇が良（平均賃金、又は半数の平均賃金が最低賃金より1割以上高い、平均年収が3年間で1分以上上昇）
		□ L その他のキャリア形成に関する実績（職域拡大・正社員化・労働時間延長等）がある（上記Fと同じ）

Ⅲ情報開示(ディスクロージャー)

(小項目①～⑭の取組内容を厚生労働省HPに掲載)

1 取組(アウトプット)

小項目	評価基準・評価方法	評価要素
⑮体制・仕事・環境づくり (小項目①～⑩)	特に優良：2点 (評価要素Aに該当)	□ A 小項目①～⑩の評価要素に該当する取組等の内容(認定申請内容)を厚生労働省・労働局HPに掲載することを許可 ＋ 毎年、当該内容に係る更新情報を労働局に報告することを誓約 (厚生労働省・労働局HPの掲載情報も更新)
	優良：1点 (評価要素Bに該当)	□ B 小項目①～⑩の評価要素に該当する取組等の内容(認定申請内容)を厚生労働省・労働局HPに掲載することを許可

2 質的側面

小項目	評価基準・評価方法	評価要素
⑯数的側面 (小項目⑪・⑫)	特に優良：2点 (評価要素Aに該当)	□ A 小項目⑪・⑫の評価要素に該当する取組等の内容(認定申請内容)を厚生労働省・労働局HPに掲載することを許可 ＋ 毎年、当該内容に係る更新情報を労働局に報告することを誓約 (厚生労働省・労働局HPの掲載情報も更新)
	優良：1点 (評価要素Bに該当)	□ B 小項目⑪・⑫の評価要素に該当する取組等の内容(認定申請内容)を厚生労働省・労働局HPに掲載することを許可
⑰質的側面 (小項目⑬・⑭)	特に優良：2点 (評価要素Cに該当)	□ C 小項目⑬・⑭の評価要素に該当する取組等の内容(認定申請内容)を厚生労働省・労働局HPに掲載することを許可 ＋ 毎年、当該内容に係る更新情報を労働局に報告することを誓約 (厚生労働省・労働局HPの掲載情報も更新)
	優良：1点 (評価要素Dに該当)	□ D 小項目⑬・⑭の評価要素に該当する取組等の内容(認定申請内容)を厚生労働省・労働局HPに掲載することを許可

[記入上の注意]厚生労働省・労働局HPへの具体的な掲載方法については、労働局において申請事業主様と個別に調整させていただきます。

ウェブでもご覧いただけます。

北海道労働局
「障害者雇用優良中小事業主認定制度
(もにす認定制度)について」

https://jsite.mhlw.go.jp/hokkaido-roudoukyoku/content/contents/001265347.pdf

（資料２）障害者の雇用の促進等に関する法律に基づく「もにす認定」事業主一覧（令和５年６月30日時点）

都道府県	事業主名	認定年
北海道	㈱釧路製作所	２０２２年
	㈱特殊衣料	２０２２年
	北海道はまなす食品㈱	２０２０年
	㈱リペアサービス	２０２１年
青森県	げんねんワークサポート㈱	２０２１年
	㈲ローズリー資源	２０２２年
岩手県	社会福祉法人聖愛育成会	２０２１年
	㈲西部産業	２０２２年
	岩手鋳機工業㈱	２０２３年
宮城県	社会福祉法人大和福壽会	２０２２年
	㈱新陽ランドリー	２０２１年
	㈱クリーン&クリーン	２０２１年
	㈱八葉水産	２０２２年
	㈱清建	２０２１年
	㈱大場製作所	２０２２年
秋田県	秋田ダイハツ販売㈱	２０２０年
	社会福祉法人水交苑	２０２２年
	大同衣料㈱	２０２２年
山形県	㈱リプライ	２０２０年
福島県	㈲利通	２０２０年
	㈱こんの	２０２１年
	いわき小名浜菜園㈱	２０２１年
	社会福祉法人郡山福祉会	２０２２年
	㈱クラロン	２０２２年
福島県	ミライズ㈱	２０２１年
茨城県	㈱ヴィオーラ	２０２１年
	㈱常磐谷沢製作所	２０２２年
	高浪化学㈱	２０２１年
	㈱幸和義肢研究所	２０２２年
	栗田アルミ工業㈱	２０２２年
	㈱カシマ	２０２２年
栃木県	ヘイコーパック㈱	２０２０年
	㈱吉川油脂	２０２１年
群馬県	㈱ブルースカイワン	２０２１年
	㈱アムコ	２０２２年
埼玉県	社会福祉法人両宜会	２０２０年
	秩父テック㈱	２０２２年
	ＮＸトランスポートサービス㈱	２０２２年
	㈱カインズ・ビジネスサービス	２０２２年
	㈱多田紙工	２０２２年
	㈲ノア	２０２１年
	㈱長谷川製作所	２０２１年
	㈱彩玉舗道	２０２２年
	㈱テスココンポ	２０２２年
	リハプライム㈱	２０２２年
	㈱ユーコム	２０２２年
千葉県	天伸㈱	２０２０年
	㈱協同工芸社	２０２１年

都道府県	事業主名	認定年
千葉県	ちばぎんハートフル㈱	2021年
	医療法人社団　知己会	2022年
	㈱千葉ビジネスサポート	2022年
	社会福祉法人常盤会	2022年
	㈱川和	2022年
	村山鋼材㈱	2022年
	社会福祉法人外房	2022年
	㈱BuySell Link	2023年
東京都	丸紅オフィスサポート㈱	2020年
	東京グリーンシステムズ㈱	2020年
	社会福祉法人フレスコ会	2020年
	楽天ソシオビジネス㈱	2020年
	㈱MCCソレイユ	2020年
	ぜんち共済㈱	2020年
	㈱ドム	2020年
	ジョブサポートパワー㈱	2020年
	㈱アダストリアゼネラルサポート	2021年
	NECセキュリティ㈱	2021年
	HITOWAソーシャルワークス㈱	2021年
	SOMPOチャレンジド㈱	2021年
	東急リバブルスタッフ㈱	2021年
	㈱新日東電化	2021年
	CTCひなり㈱	2022年
	㈱アルプス商事	2022年
	㈱ダスキンプロダクト西関東	2022年
	オーエム通商㈱	2022年

都道府県	事業主名	認定年
東京都	㈱シーエスラボ	2022年
	㈱ビースレッド	2022年
	㈱学研スマイルハート	2022年
	㈱ワイズ・インフィニティ	2022年
	明治安田ビジネスプラス㈱	2022年
	㈱古田土経営	2022年
	BIPROGYチャレンジド㈱	2022年
	MS&ADアビリティワークス㈱	2022年
	㈱光陽社	2022年
	ライオンともに㈱	2021年
	デコボコベース㈱	2021年
	三井物産ビジネスパートナーズ㈱	2021年
	アフラック・ハートフル・サービス㈱	2021年
	㈱ベネッセビジネスメイト	2021年
	㈱ビジネスプラス	2021年
	㈱モンテカンポ	2021年
	東京都チャレンジドプラストッパン㈱	2021年
	シダックスオフィスパートナー㈱	2022年
	東電ハミングワーク㈱	2022年
	㈱電通そらり	2022年
	菱信データ㈱	2022年
	コニカミノルタウイズユー㈱	2022年
	㈱KDDIチャレンジド	2023年
	㈱沖ワークウエル	2023年
	大和ライフプラス㈱	2023年
	㈱キユーピーあい	2023年

都道府県	事業主名	認定年
神奈川県	富士ソフト企画㈱	2020年
	藤沢市資源循環協同組合	2020年
	ダンウェイ㈱	2020年
	第一三共ハピネス㈱	2020年
	㈱ロジナス	2020年
	㈱ビーネックスウィズ	2020年
	ビーアシスト㈱	2021年
	イマジネーション㈱	2021年
	日本理化学工業㈱	2022年
	㈱カラー	2022年
	㈱ココット	2022年
	㈲川田製作所	2022年
	㈱スタックス	2022年
	ミノン㈱	2022年
	富士通ハーモニー㈱	2021年
	㈱大協製作所	2021年
	㈱栄和産業	2022年
新潟県	㈱Wastec ENERGY	2021年
	㈱大和屋	2021年
	フジイコーポレーション㈱	2021年
	社会福祉法人奴奈川福祉会	2022年
	㈱聖籠の杜	2022年
	㈲新津清掃社	2022年
	永井コンクリート工業㈱	2022年
富山県	㈱アスコ	2022年
	㈱富山資源開発	2022年

都道府県	事業主名	認定年
富山県	㈱森の環	2022年
石川県	朝日印刷ビジネスサポート㈱	2021年
	㈱光パックス石川	2021年
	㈱ガード北陸	2021年
	㈱横山商会	2022年
	ふぁみーゆツダコマ㈱	2022年
	社会福祉法人　ひろびろ福祉会	2022年
	㈱ホクチン	2023年
	㈱まごころ	2023年
	㈱中山飼料	2023年
	㈱北上製作所	2023年
福井県	イワイ㈱	2020年
	㈱日本エー・エム・シー	2021年
山梨県	㈱ササキ	2020年
長野県	㈱協和精工	2022年
	㈱オート	2022年
	ナパック㈱	2021年
岐阜県	㈱OKBパートナーズ	2020年
	社会福祉法人陶都会	2021年
	中日本ダイカスト工業㈱	2021年
	㈱東海化成	2022年
	㈱スザキ工業所	2022年
	㈱伊吹LIXIL製作所	2022年
	新世日本金属㈱	2023年
静岡県	社会福祉法人美芳会	2020年
	さんしんハートフル㈱	2021年

都道府県	事業主名	認定年
静岡県	㈱丸紅	2022年
	深澤電工㈱	2022年
	矢崎ビジネスサポート㈱	2022年
愛知県	㈱三交イン	2020年
	社会福祉法人フラワー園	2020年
	㈱ニチアロイ	2020年
	アルプススチール㈱	2020年
	中電ウイング㈱	2020年
	平下塗装㈱	2022年
	T-Y㈱	2022年
	㈲今池工業	2022年
	フジ建設㈱	2022年
	特定非営利活動法人つくし	2022年
	日東電工ひまわり㈱	2022年
	㈱アーレスティ インクルーシブサービス	2022年
	㈱イナテックサービス	2021年
	㈱中西	2021年
	㈱エイゼン	2021年
	大橋運輸㈱	2021年
	㈱ジェイアール東海ウェル	2021年
	にっとくスマイル㈱	2022年
	㈱町井製作所	2022年
	㈲進工舎	2022年
	㈱カワサキ	2022年
	デンソー太陽㈱	2022年
三重県	百五管理サービス㈱	2020年

都道府県	事業主名	認定年
三重県	社会福祉法人寿泉会	2020年
	社会福祉法人慈童会	2021年
	社会福祉法人慈恵会	2021年
	タカノ商事㈱	2021年
	㈱NAKAGAWA	2021年
	㈱中村組	2021年
	SWSスマイル㈱	2021年
	㈱松阪鉄工所	2022年
	㈱ニシタニ	2022年
	万協製薬㈱	2021年
	医療法人府洲会	2021年
	㈱アールビーサポート	2021年
	社会福祉法人いろどり福祉会	2021年
	㈱ウエスギ	2022年
	㈱富士製作所	2022年
	㈱三重データクラフト	2022年
	㈱志摩地中海村	2022年
	三重工熱㈱	2022年
	㈱リアライズ	2022年
	日東ひまわり亀山㈱	2023年
滋賀県	㈱クレール	2021年
	電気硝子ユニバーサポート㈱	2021年
	㈱星光舎	2021年
	パナソニックアソシエイツ滋賀㈱	2022年
	宮川バネ工業㈱	2022年
	カルビー・イートーク㈱	2022年

都道府県	事業主名	認定年
滋賀県	キンカンビジネスアソシエイツ㈱	2023年
京都府	㈱西村製作所	2020年
	㈱王将ハートフル	2021年
	日東精工SWIMMY㈱	2022年
	京都かんきょう㈱	2023年
大阪府	㈱美交工業	2020年
	レッキス工業㈱	2020年
	㈱あしすと阪急阪神	2020年
	㈱スミセイハーモニー	2020年
	㈱きると	2020年
	㈲奥進システム	2020年
	大阪府住宅供給公社	2021年
	㈱アスキー	2021年
	壽環境機材㈱	2021年
	フセハツ工業㈱	2021年
	㈱サポート21	2021年
	㈱JFRクリエ	2022年
	㈱サクセス	2022年
	㈱ツルミテクノロジーサービス	2022年
	OSPハートフル㈱	2022年
	一般財団法人箕面市障害者事業団	2022年
	㈱エクセディ物流	2022年
	㈱ダイキンサンライズ摂津	2021年
	㈱アステム	2021年
	川相商事㈱	2021年
	㈱キリンドウベスト	2023年

都道府県	事業主名	認定年
兵庫県	トーラク㈱	2020年
	阪神友愛食品㈱	2021年
	㈱川重ハートフルサービス	2021年
	㈱ジルベルト	2022年
	㈱JR西日本あいウィル	2022年
	㈱多田スミス	2022年
	㈱カコテクノス	2022年
	社会福祉法人かるべの郷福祉会	2022年
	㈱MIKS	2021年
	㈱エスコアハーツ	2021年
奈良県	㈱パンドラファームグループ	2020年
	㈱日電鉄工所	2022年
	㈱ウィルジャパン	2022年
和歌山県	三共レンタルサービス㈲	2020年
	紀陽ビジネスサービス㈱	2022年
鳥取県	水野商事㈱	2021年
	日本海冷凍魚㈱	2021年
	後藤工業㈱	2022年
	山陰リネンサプライ㈱	2022年
島根県	社会福祉法人壽光会	2020年
	協栄金属工業㈱	2021年
	㈱中筋組	2022年
	社会福祉法人よしだ福祉会	2022年
	大昌㈱	2022年
	モルツウェル㈱	2021年
	㈱キューサイファーム島根	2021年

都道府県	事業主名	認定年
島根県	㈱ＫＵＴＯ	２０２１年
	まるなか建設㈱	２０２１年
岡山県	社会福祉法人藤花会	２０２０年
	パナソニック吉備㈱	２０２１年
	㈱グロップサンセリテ	２０２２年
広島県	社会福祉法人ともえ会	２０２１年
	日東ひまわり尾道㈱	２０２２年
	新和金属㈱	２０２２年
	㈱ノーブルウイング	２０２１年
山口県	㈱カン喜	２０２０年
	旭洋造船㈱	２０２２年
	東洋パックス㈱	２０２１年
徳島県	はーとふる川内㈱	２０２０年
	西精工㈱	２０２０年
香川県	㈱ワイケーエス	２０２２年
	㈱リソーシズ	２０２１年
	㈲Ａ・Ｍプランニング	２０２２年
	協同食品㈱	２０２３年
	藤田加工㈲	２０２３年
愛媛県	㈱和光ビルサービス	２０２０年
	一広㈱	２０２２年
高知県	エフピコダックス㈱	２０２２年
	タイム技研高知㈱	２０２３年
福岡県	㈱キューサイ分析研究所	２０２２年
	サンアクアＴＯＴＯ㈱	２０２２年
	㈱トライアルベネフィット	２０２２年

都道府県	事業主名	認定年
福岡県	西鉄バス筑豊㈱	２０２２年
	ＡＴＵホールディングス㈱	２０２２年
	㈱障がい者つくし更生会	２０２１年
	㈱サンアンドホープ	２０２３年
佐賀県	㈱カシマ美装	２０２２年
	メック㈱	２０２２年
	ありた㈱	２０２２年
	社会福祉法人佐賀西部コロニー	２０２１年
長崎県	ニップンドーナツ九州㈱	２０２０年
	㈲エス・ケイ・フーズ	２０２３年
	社会福祉法人悠久会	２０２３年
	社会福祉法人ゆうわ会	２０２３年
	㈱東洋トラスト特機	２０２３年
熊本県	㈱共同	２０２０年
大分県	㈲ファン工業	２０２０年
	オムロン太陽㈱	２０２１年
	三菱商事太陽㈱	２０２２年
	ホンダ太陽㈱	２０２２年
	サンワテック㈱	２０２３年
宮崎県	ＷＡＳＨハウス㈱	２０２１年
	㈱ダンロップゴルフクラブ	２０２２年
鹿児島県	社会福祉法人慈愛会	２０２０年
	㈲鹿屋電子工業	２０２２年
	社会福祉法人敬天会	２０２１年
沖縄県	太洋リネンサプライ㈱	２０２０年

■監修者紹介

砂長美ん（すなながびん）

一般社団法人ありがとうショップ代表理事。ぜんち共済株式会社宣伝顧問、一般社団法人TED工賃向上担当、中小企業家同友会会員、ハートフォーアートプロジェクト広報担当。ヘアメイクアーティスト。

ありがとうショップでは、全国の働く障害者の所得向上を目的として、障害者施設と企業・個人の仕事づくりを事業の柱としている。2014年から、国会議員会館で障害者施設の商品の総卸を担当。全国各地、高齢化町おこし、障害者の仕事を結ぶコンサルが好評。

とっても前向きな発達障害当事者（LD、ディスレクシア・読み書き障害）、自称〝障害者雇用研究オタク〟。ロンドン芸術大学テレビ映画専攻卒。本書のご感想や講演のご依頼は、binsunanaga@gmail.com まで。

障害者雇用で幸せになる方法

――もにす認定5社の企業戦略

二〇二三年十一月二十日　第一刷発行

監　修　砂長美ん
発行者　川畑善博
発行所　株式会社 ラグーナ出版
〒八九二－〇八四七
鹿児島市西千石町三－二六－三F
電　話　〇九九－二一九－九七五〇
FAX　〇九九－二一九－九七〇一
URL https://lagunapublishing.co.jp
e-mail info@lagunapublishing.co.jp

取材・構成　Mind One（菅間大樹　高田麗子）
装丁・本文カット　AK design 加藤文子

印刷・製本　シナノ書籍印刷株式会社
定価はカバーに表示しています
乱丁・落丁はお取り替えします
ISBN978-4-910372-34-1　C0034

活字で利用できない方のための
テキストデータ請求券
『障害者雇用で幸せになる方法』
ラグーナ出版

GLOBAL CLEAN

グロー
イン

株式会社
グローバル・クリーン

働きづ

代表取締役
税田 和久

専務取締役
税田 倫子

私たちは働く障害者の工賃アップに取り組んでいます。
2012年創業
商品開発から売り場まですべてOK!
ありがとうショップで検索
ありがとうショップ
検索
代表理事 砂長美ん
障害を持つ人の得意を売り買い
スキルマーケット
ユイマル
ログイン
新規会員登録
新規会員登録 募集中!
ユイマルサービス
お仕事を頼もう、買おう!
障害者、障害者施設へ
ユイマル 障害者
検索
https://yuimaru-works.com/
お問い合わせ
ありがとうショップ
検索
WEB https://arigatoshop.jp/
一般社団法人 ありがとうショップ
MAIL:binsunanaga@gmail.com 住所:東京都渋谷区代々木3-1-16-201